Christian Stegbauer

Reziprozität

Christian Stegbauer

Reziprozität

Einführung in soziale Formen
der Gegenseitigkeit

2. Auflage

Bibliografische Information der Deutschen Nationalbibliothek
Die Deutsche Nationalbibliothek verzeichnet diese Publikation in der
Deutschen Nationalbibliografie; detaillierte bibliografische Daten sind im Internet über
http://dnb.d-nb.de abrufbar.

2. Auflage 2011

Alle Rechte vorbehalten
© VS Verlag für Sozialwissenschaften | Springer Fachmedien Wiesbaden GmbH 2011

Lektorat: Frank Engelhardt

VS Verlag für Sozialwissenschaften ist eine Marke von Springer Fachmedien.
Springer Fachmedien ist Teil der Fachverlagsgruppe Springer Science+Business Media.
www.vs-verlag.de

Das Werk einschließlich aller seiner Teile ist urheberrechtlich geschützt. Jede Verwertung außerhalb der engen Grenzen des Urheberrechtsgesetzes ist ohne Zustimmung des Verlags unzulässig und strafbar. Das gilt insbesondere für Vervielfältigungen, Übersetzungen, Mikroverfilmungen und die Einspeicherung und Verarbeitung in elektronischen Systemen.

Die Wiedergabe von Gebrauchsnamen, Handelsnamen, Warenbezeichnungen usw. in diesem Werk berechtigt auch ohne besondere Kennzeichnung nicht zu der Annahme, dass solche Namen im Sinne der Warenzeichen- und Markenschutz-Gesetzgebung als frei zu betrachten wären und daher von jedermann benutzt werden dürften.

Umschlaggestaltung: KünkelLopka Medienentwicklung, Heidelberg
Gedruckt auf säurefreiem und chlorfrei gebleichtem Papier
Printed in Germany

ISBN 978-3-531-17641-3

Vorwort zur 2. Auflage

Das Buch wurde komplett durchgesehen und einige augenfällige Fehler beseitigt. Ferner wurden Ergänzungen vorgenommen, die den Band aktueller werden lassen.

Für Hinweise, die in die zweite Auflage eingearbeitet wurden, danke ich insbesondere Klaus Lichtblau, der mich auf einen Fehler aufmerksam machte. Weiterhin möchte ich posthum speziell noch einmal Karl Otto Hondrich danken, dessen letzte grundlegende Arbeit um die von ihm so genannten fünf immer ablaufenden sozialen Prozesse bislang leider unveröffentlicht geblieben ist. Nachdem er zunächst nur mit vier Prozessen arbeitete (Werten, Teilen, Bergen/Verbergen, Bestimmen), hat er erst später als fünften grundlegenden Prozess denjenigen des Erwiderns angefügt. Wenn es noch möglich wäre, hätte ich mir von ihm ein Vorwort für diese Auflage gewünscht – mit der hier durchscheinenden Orientierung an immer noch strittigen Fragen der grundständigen Soziologie bin ich von ihm beeinflusst worden.

Obgleich einige Bücher zum Thema Reziprozität seit der ersten Auflage dieses Buches vor neun Jahren erschienen sind, werden damit verbundene Anschauungen in den Fachkreisen immer noch nicht genügend gewürdigt. Allerdings ist die Bedeutung solcher Fragen gewachsen, vor allem im Lichte der sich zusehends verbreitenden Relationalen Soziologie, die ihren Fokus immer stärker weg von Personen auf Beziehungen und ihre Einbettung in Beziehungsstrukturen richtet. Solche Fragen werden heute vor allem im Kontext der Netzwerkforschung diskutiert. Starre Beziehungsmuster treten in der modernen Soziologie gegenüber der Anschauung zurück, dass die Ausgestaltung von Beziehungen ausgehandelt wird. Solche Überlegungen tragen den langfristigen gesellschaftlichen Entwicklungen Rechnung nach denen es kaum noch Bindungen gibt, die (multiplex) viele unterschiedliche Lebensbereiche umfassen.

Das in diesem Buch vorgestellte Thema wird häufig in der Lehre angesprochen, entweder als ein Thema unter mehreren oder als eigenständiges

Seminarthema. Nach meiner Erfahrung eignet es sich für beide Zwecke recht gut – sicherlich würde man für letzteren Zweck es mit einer Lektüre von klassischen Autoren in diesem Themenfeld verbinden. Hier leistet der von Adloff und Mau (2007) herausgegebene Band „Vom Geben und Nehmen" gute Dienste, da hierin zentrale klassische Texte abgedruckt werden.

Christian Stegbauer
Frankfurt a.M., im September 2010

Danksagung und Widmung

Der Autor eines Buches ist auf Austausch mit anderen angewiesen. Auf eine ganz andere Weise als beim Schreiben, bei dem man die Argumente ausformuliert und vielfach auch generiert, findet man im Gespräch, in der Konfrontation der Ideen mit anderen Vorstellungen Aspekte, an die zuerst nicht gedacht war. Ursprüngliche Ideen müssen revidiert werden, denn sie erweisen sich dann doch nicht als tragbar. In diesem Sinne möchte ich den folgenden Personen dafür danken, dass sie sich die Zeit genommen haben, mit mir über die Inhalte zu sprechen: Vor allem Alexander Rausch für unzählige Gespräche und produktive Auseinandersetzungen. Dank gebührt aber auch Karl Otto Hondrich, Klaus Allerbeck und Jutta Wörsdörfer.

Es ist mir klar, dass ganz im Sinne des vorliegenden Büchleins eine öffentliche Danksagung kaum als ein angemessenes Äquivalent, wohl aber zumindest als symbolische Erwiderung für die Unterstützungsleistungen, die mir entgegengebracht wurden, gelten kann.

Meinen beiden Söhnen Moritz und Till.

INHALTSVERZEICHNIS

1. EINFÜHRUNG 11
2. FORMEN DER REZIPROZITÄT 29
3. DIREKTE REZIPROZITÄT 33
   - 3.1. Die Form des Warentausches 33
   - 3.2. Reziprozität und die Entstehung von sozialen Institutionen 38
   - 3.3. Direkte Reziprozität im Begrüßungsritual 40
   - 3.4. Gabentausch 42
   - 3.5. Heteromorpher Tausch und Entstehung sozialer Hierarchien 52
   - 3.6. Schenken 55
   - 3.7. Korruption und Öffentlichkeit 57
   - 3.8. Katalysatorischer Tausch 63
   - 3.9. Reziprozität und Beziehungsstiftung 65
4. GENERALISIERTE REZIPROZITÄT 67
   - 4.1. Generalisiert über einen längeren Zeitraum 67
   - 4.2. Generalisiert über ein bestimmtes gemeinsames Merkmal 75
   - 4.3. Solidarität als generalisierte Reziprozität 78
   - 4.4. Generalisierte Reziprozität und Spieltheorie 80
   - 4.5. Transitivität als Form generalisierter Reziprozität 86
5. REZIPROZITÄT VON ROLLEN 93
6. REZIPROZITÄT DER PERSPEKTIVEN 99
7. EINE SOZIOLOGIE SOZIALER BEZIEHUNGEN 107
   - 7.1. Soziologie der Formen 108
   - 7.2. Beziehungslehre 115
   - 7.3. Symmetrische und Asymmetrische Beziehungen 120
8. MESSUNG SOZIALER BEZIEHUNGEN 123
9. BEZIEHUNG UND REZIPROZITÄT 129

10. LITERATUR 137
11. INDEX 149

1 Einführung

Womit beschäftigt sich dieses Buch? Mit Weihnachtskarten? Mit Geschenklisten? Mit Problemen, die in Wohngemeinschaften auftreten? – Sicherlich damit auch. Der Titelbegriff des Buches steht für ein Prinzip auf dem unser Zusammensein beruht und das in weitem Maße das bestimmt, was in der Gesellschaft passiert. Reziprozität bezeichnet Gegenseitigkeit und das ist etwas, das für uns überlebenswichtig ist – praktisch niemand kommt ohne dieses Prinzip aus. Allerdings gilt das Prinzip auch im Streit – und bleibt man hierin dabei, dann führt dies dazu, dass der Konflikt nicht endet, ja es fördert die Eskalation sogar noch. Dazu findet sich im Verlaufe des Buches mehr, zunächst einmal soll anhand von Geschichten in die Thematik eingeführt werden.

Beginnen wir mit einigen Beispielen: Etwa Weihnachtskarten. Warum senden die Leute Weihnachtskarten? Sie übermitteln damit einen Gruß an Freunde und Verwandte, häufig solche, die sie sonst kaum zu Gesicht bekommen. Aber ist dies der einzige Grund? Solche Weihnachtskartenbeziehungen (siehe Schelling 1978: 32) bestehen oft seit Jahren, sie bestehen fort, weil die Beteiligten die Weihnachtskarte vom anderen antizipieren. Eine solche Beziehung lässt sich auch nicht einfach abbrechen, denn der andere Partner würde sich möglicherweise Gedanken wegen des Ausbleibens der üblichen Karte machen. Oft werden die Karten schon früh, relativ vor der Zeit verschickt, nur um nicht in den Ruch zu kommen, man sende die Karte nur, weil man schon von dem anderen eine Karte bekam.

Ähnliche Beziehungen finden sich auch in anderen Zusammenhängen. In der Gemeinde, in der ich aufwuchs, einem Dorf, welches in den 60er Jahren in eine Kleinstadt eingemeindet wurde, ist es üblich, Nachbarschaften und Verwandtschaftsbeziehungen zu pflegen. Dort finden sich ganz ähnliche Ritualformen. Zu großen Festtagen, also Heirat, Kommunion, Konfirmation oder aus Traueranlässen versenden die Nachbarn Karten. In vielen Fällen werden Geschenke gemacht oder den Karten Geld beigelegt.

Neben dem Verschicken von Dankeskarten oder der Übermittlung von Danksagungen in den entsprechenden Rubriken der örtlichen Zeitungen führen die Beschenkten vielfach Listen, in denen die Geschenke genau verbucht werden: Fam. Müller 50,- Euro, Herr Schule 20,- Euro, Alois Kinkel 10,- Euro, Willi Sebald (Kranz) etc. Tritt nun in einer der dort verbuchten Familien ein ähnlicher Anlass ein, dann wird man, sofern die Erinnerung einer Unterlage bedarf, die Liste zu Rate ziehen, um entsprechend der dort gebuchten Vorgabe einen Ausgleich vorzunehmen.

In einer Bar auf einer Insel in Griechenland komme ich mit Reisenden unterschiedlicher Nationalitäten in Kontakt. Es handelt sich um eine Dänin, eine Kanadierin, eine Italienerin, neben mir ein weiterer Deutscher und zwei Engländer. Zusammen waren wir also sieben Personen. Da die meisten unabhängig voneinander eingetroffen sind und das Kennenlernen erst hier erfolgt, bestellt zunächst jeder für sich eine Flasche Bier. Es wird geredet und getrunken. Sobald sich die ersten Gläser leeren, bestellt jemand zwei oder drei neue Flaschen und schenkt den anderen nach. Dieses Verhalten wird nach und nach von allen anderen kopiert. Auf diese Weise bleibt „die Runde" bezahlbar und alle können sich revanchieren, ohne am Ende übermäßig betrunken zu sein. Zum Schluss geht die Rechnung so auf, dass jeder auch ungefähr das zahlt, was er trank.

Ganz ähnlich verhält es sich mit Einladungen. Gewöhnlich lernen sich Erwachsene Menschen am Arbeitsplatz, im Verein oder in den Betreuungseinrichtungen ihrer Kinder kennen. Ein Mittel der Beziehungsanbahnung ist die bürgerliche Einladung.[1] Hier bereitet man den Gästen ein reichhaltiges Mahl, an dem die Kochkünste vorgeführt werden. Eine solche Einladung ist überdies eine heikle Angelegenheit. Schon die Terminierung kann zum Abenteuer ausarten und bietet den Eingeladenen zudem eine Möglichkeit unter „Gesichtswahrung" die Offerte auszuschlagen. Manchmal hat man es überraschenderweise mit Vegetariern zu tun, andere mögen keine Innereien oder ekeln sich vor dem Geruch von reifem Käse. Regelmäßig wird aber die Einladung erwidert oder doch zumindest eine Erwiderung angekündigt. Aus solchen Treffen erwachsen in vielen Fällen Freundschaften, die sehr lange halten.

---

[1] Diese wurde von Justin Stagl (1996) beschrieben und analysiert.

Eine Urlaubsfahrt kann Anlass sein, den Nachbarn oder einen Freund um das Leeren des Briefkastens und das Gießen der Zimmerpflanzen zu bitten. Manchmal werden auf diese Weise auch die Haustiere mitversorgt oder bei jemandem in Pension gegeben. Kann oder will man sich beim Nachbarn nicht mit gleichen Diensten revanchieren, etwa wenn der Nachbar keine Haustiere hält oder seine Ferien lieber auf Balkonien verbringt, sorgen Urlaubsmitbringsel für einen entsprechenden Ausgleich.

Früher sind Jugendliche und junge Erwachsene öfters per Autostop verreist. Diese Art der Fortbewegung war zwar immer mit dem Risiko langer Wartezeiten und unberechenbarer Fahrer verbunden,[2] ermöglichte es aber auch, ohne Geld weite Distanzen zu überbrücken und dies zudem unter bester Ausnutzung der Rohstoffressourcen und zudem umweltfreundlich, denn freie Plätze in Autos wurden belegt. Viele von denen, die heute Tramper mitnehmen, praktizierten in ihrer eigenen Jugend selbst diese Art des Reisens.

Manchmal wird eine Leistung erbracht und dafür ein direkter Ausgleich erwartet. Andere Wohltaten leistet man, ohne auch nur einen Gedanken daran zu verschwenden, irgendwann einmal einen Ausgleich dafür zu bekommen. Hilft man jemandem, so kann dies der Anfang einer Freundschaft sein; verweigert man seine Mitarbeit, kann dies das Ende einer Beziehung bedeuten. Von guten Freunden meint man dies oder jenes verlangen zu können, was man einfachen Bekannten nicht zumuten würde. Manches von dem, was man für andere tut oder eben lässt spricht sich im Bekanntenkreis herum. Beim Hilfsbereiten kann dies einen Ruf begründen, der für besondere Beliebtheit steht; denjenigen, die gerne andere für sich arbeiten lassen, aber immer dann, wenn sie selbst gefordert wären, gerade keine Zeit haben, mag nachgesagt werden, dass es sich um Egoisten handelt.

Lassen sich diese Beispiele erklären? Gibt es ein Prinzip, mit dem dieses Verhalten theoretisch beschrieben werden kann? Können Vorhersagen daraus abgeleitet werden? Warum dies so ist und welche Regeln dabei gelten, davon handelt dieses Buch. Kurz – es geht nicht nur um das Reziprozitätsprinzip, die Gegenseitigkeit, es geht in Verknüpfung damit auch um Beziehungen und die typischen Formen, in denen diese immer wiederkehren. Dies kann als der eigentliche Gegenstand der Soziologie angesehen werden.

---

[2] Eine interessante Schilderung der Risiken beim Trampen findet sich bei David Sedaris (1999).

Die Soziologie handelt nicht vom einzelnen Menschen, dies ist der Gegenstand der Psychologie. In der Soziologie geht es zwar auch um die Erklärung der Handlungen von Einzelnen, das Spannende aber ist, sich zu fragen, wie es kommt, dass eine Struktur, eine bestimmte Gleichförmigkeit in den Handlungen auftritt. Die Strukturen weisen eine bestimmte Eigengesetzlichkeit (Conrad/ Streek 1976: 15) auf, die es zu erklären gilt. Oft werden in der Soziologie Erklärungen für „große" Phänomene versucht: Wie Gesellschaften reagieren, was Organisationen wollen, wie Radikalismus zustande kommt etc.

In dieser Schrift soll es nicht zuerst um solche Phänomene gehen. Reziprozität hat etwas mit Austauschprozessen zu tun, die zu den Grundformen sozialer Beziehungen gehören. Zahlreiche Bedürfnisse sind gar nicht vom Einzelnen selbst zu erfüllen; hierzu sind andere notwendig. Dies beginnt schon in den ersten Stunden des Lebens, bei der ersten Nahrungsaufnahme und reicht bis zum Tode. Jeder von uns ist darauf angewiesen, von anderen bestimmte Leistungen zu bekommen und bestimmte Gegenleistungen dafür zu erbringen. Diese Tatsache könnte man fast als *den* elementarsten Teil des Zusammenlebens ansehen, denn dieser begründet für sich schon Sozialität. Manche sehen alles andere als Folge dieser Notwendigkeit an.

Die Austauschnotwendigkeit bringt es mit sich, dass sich gegenseitige Abhängigkeiten entwickeln. In solchen Abhängigkeiten sind die Menschen aufeinander bezogen.

Eine solche Begründung von Austauschnotwendigkeiten genügt aber keinesfalls, sie erklärt die Ursachen immer noch individualistisch und bei weitem nicht umfassend genug. Die Grundaussage lautet: Jeder einzelne ist abhängig, also auf Tausch angewiesen. D.h. er wird ein Interesse am Tausch haben. Dieses Interesse bringt Tauschpartner zusammen und stellt Beziehungen her.

Über solche Annahmen, in denen vor allem das Interesse des Individuums formuliert wird, soll in der vorliegenden Schrift hinaus gegangen werden: Nach H. S. Becker, der 1956 das Buch „Man in Reciprocity" veröffentlichte, könne man das Reziprozitätsprinzip nutzen, um Beziehungen zu analysieren und auch vorherzusagen – noch mehr, für ihn gehört Reziprozität sogar zu einer Bedingung des Menschwerdens selbst: „Man becomes human in reciprocity" (Becker 1956: 94).

Nach Ansicht des Autors reicht daher eine Begründung für Reziprozität, die sich lediglich am Interesse für die Austauschgüter zeigt, kaum aus, die verschiedenen Formen von Tauschprozessen zu erklären. Die Austauschformen sind vielfach völlig aus diesem Begründungszusammenhang herausgelöst – und führen ein Eigenleben. Es handelt sich, um mit Georg Simmel zu sprechen, um reine Formen. Die Formen von Austauschprozessen sind allerdings so vielfältig, dass sie sich als solche nur schwer fassen lassen. Dennoch unterliegt der Tausch bestimmter Grundregeln, die in verschiedenen konkreten Formen wiederum teilweise außer Kraft gesetzt sind und in anderen ganz deutlich zu Tage treten.

Geben und Nehmen sind so fundamental in unser aller Leben integriert, dass man durchaus davon sprechen kann, dass es sich um das Soziale überhaupt handelt. Zwar umfassen Reziprozitätsprozesse nicht alles Soziale, aber Beziehungen sind ohne diese kaum denkbar. Reziprozität macht den Kern einer Vielzahl von Beziehungen aus. Will man also Reziprozität analysieren und erklären, muss man auf die umfassende Eingebundenheit der Gegenseitigkeit in Beziehungen achten. Der Grad dessen, was für andere geleistet wird, aber auch dessen, was man an Hilfe von anderen überhaupt akzeptieren kann, wird über die Art und Weise bestimmt, wie die Akteure selbst miteinander verbunden sind *und* wie ihre Beziehungen zu anderen nicht direkt Beteiligten strukturiert sind. Damit gewinnt die Erklärung von Reziprozität an Komplexität: Es reicht nicht nur, zwei Individuen zu betrachten, sondern der Kontext der strukturellen Einbettung ist in vielen (wohl in den allermeisten) Fällen) mitentscheidend für die tatsächlich stattfindenden Austauschprozesse.

Vielfach wird Reziprozität als grundlegendes Prinzip mit umfassenden Funktionen dargestellt, die aus Gabe und Gegengabe erwachsen, etwa bei Marcel Mauss (1990). Es scheint klar, dass Reziprozität so vielgestaltig ist, dass zunächst nur eine sehr ungenaue Definition erfolgen kann. Nähere Bestimmung wird das Prinzip der Gegenseitigkeit später erfahren, wenn die einzelnen Formen näher thematisiert werden.

Zunächst sei nur darauf verwiesen, dass mit der Reziprozität eine Erwiderung einer Gabe, einer Tat, einer Rede, in bestimmter Form verbunden ist. Schon bei der Frage, wer wem erwidert, ergeben sich Probleme: Mit dem direkten Austausch sind die vielleicht am einfachsten fassbaren Reziprozitätsformen verbunden. Problematischer wird es bei Formen generalisierter

Reziprozität, da hier oft schwächere Wirkungen entfaltet werden und nicht immer die Grenze der in eine Generalisierung Einbezogenen bestimmt werden kann. Generalisierte Reziprozitätsformen jedoch weisen auf das hin, was als entscheidend am Austausch betrachtet werden kann: Die Einbettung der Individuen in größere Kollektive, die interessanterweise allerdings keine eindeutige und präfixierte Abgrenzung besitzen.

Die Darbietung von Geschenken, Einladungen, Hilfsleistungen ist (fast) immer mit der Erwartung verbunden, dass diese erwidert werden. Freunde luden vor kurzem zu einer Einweihungsparty ihres neuen Eigenheimes ein – im Einladungsschreiben wurde explizit darum gebeten, von Gastgeschenken abzusehen. Stattdessen sei eine Sammelbox für den Tierschutzbund aufgestellt. Hieran konnte dem Wunsch eine Gabe zu leisten, Genüge getan werden. Allerdings kam bei dieser Spendenaktion nur eine geringe Summe zusammen. Dem Bedürfnis, seine Gabe quasi als symbolischen Ausgleich für die Einladung vorzuzeigen (evtl. auch vor den anderen Gästen), entsprach die anonyme Sammelbox in keinster Weise. Selbst wenn der einzelne Schenker, Einlader, Hilfeleister keine Erwiderung erwartet, steht dem die Erwartungs-Erwartung des Empfängers gegenüber. Durch die Erwartungs-Erwartung sind soziale Konventionen, Normen, Handlungsmuster, man könnte auch sagen: Formen der Beziehungspflege, überindividuell abgesichert. Der Empfänger steht im Zugzwang, selbst entgegen der Beteuerungen desjenigen, der den Eröffnungszug durchführte. Hieran zeigt sich, dass nicht lediglich zwei Personen in einer solchen Beziehung beteiligt sind, die orientierungsleitenden Formen werden in sozialen Prozessen hergestellt und sind von einzelnen nur in einem verschwindenden Ausmaße beeinflussbar. Zwar können individuelle Aushandlungen solche Regeln außer Kraft setzen, allerdings gelingt dies nicht immer, denn gesellschaftliche Formen sind oft stärker als Verabredungen. Ich war vor einigen Jahren bei Freunden am Heiligen Abend zum Essen eingeladen. Es handelte sich um eine Feier, die sich explizit gegen den ausufernden Konsum wendete. Daher wurde verabredet, ganz auf Geschenke zu verzichten. Eine Bekannte, die ebenfalls eingeladen war, konnte sich offenbar nicht den Konventionen entziehen, denn sie übergab nach dem Essen für jeden der Anwesenden ein (kleines) Geschenk. Der Verstoß gegen die Abmachung und die Tatsache, dass die anderen die Geschenke nicht erwidern konnten, verdarb schließlich die Stimmung am weiteren Abend.

Es ist aber nicht nur der indirekte Einfluss von anderen über die Herausbildung solcher Regulierungen von Bedeutung, es sind durchaus auch direkte Einwirkungen beobachtbar: Wird eine Austauschbeziehung schief, greifen Umstehende sehr wohl ein und versuchen auf den einen oder anderen Teil der beiden einzuwirken. Über die Stärke der Einwirkung Dritter kann nicht von vornherein eine Aussage getroffen werden: Sie führt möglicherweise bis zum Beziehungsabbruch zwischen den ungleich Tauschenden oder zu denen, die eingriffen.

Und wie viele Wohngemeinschaften sind daran zerbrochen, dass nicht abgespült, nicht die Klos geputzt und nicht saubergemacht wurde? Einige der Mitbewohner gingen diese Arbeiten mit Engagement an, während andere an den Tagen, an denen regelmäßig gemeinsame Putzaktivitäten geplant waren, zufällig immer völlig unabkömmlich über Land fahren mussten. Die Lösung, den Bewohnern mehr Freiheiten zu lassen und wechselnde Dienste einzurichten, scheiterte am allzu häufigen „Vergessen" der Dienste, etwa wenn sich alles Geschirr an der Spüle stapelte und der eingeteilte Spüler vorgab, erst am nächsten Tag Zeit zu haben. Das gemeinsame Abendessen ließ sich dann nur durch das „Einspringen" eines anderen Abwäschers realisieren. Nach kurzem Zusammenleben schon drängte sich der Eindruck auf, dass einige sich immer vor der Arbeit drücken. Das Prinzip der Gegenseitigkeit bei der Übernahme von Arbeiten war verletzt.

Auch in „emanzipierten" Partnerschaften, in denen die Rollenmuster für Hausarbeit nicht mehr an nach Geschlecht vorsortierte Dienste gekoppelt sind, steckt in der Frage der „gerechten" Verteilung der Arbeit viel Sprengstoff. Das Kleinkind muss gewickelt werden, wer ist dran mit Windelwechsel? Wer wäscht die Wäsche? Wer repariert die Steckdose? Wer ist dafür zuständig das Auto in die Werkstatt zu bringen?

An solchen Fragen werden Beziehungen ausbalanciert – oder auch nicht. Entweder man arrangiert sich, oder von einer Seite (manchmal auch von beiden Seiten) wird ein Ausbeutungsverhältnis des einen über den anderen unterstellt.[3] Ein solches (berechtigt oder unberechtigt unterstelltes) Ver-

---

[3] Liegt ein solches Ausbeutungsverhältnis vor, müssen die Beteiligten dies noch lange nicht auch als solches empfinden. Dies liegt an typischen Rollenstrukturen, die etwa regeln, wer für Hausarbeit und wer für Technik und Politik zuständig ist. Neben solchen Selbstverständlichkeiten, die gerade auch durch Hinterfragen als generalisierte Beziehungsmuster anerkannt

hältnis begründet Vorhaltungen und damit Streit. Erbringen nicht alle Beteiligten (subjektiv) eine ähnliche Leistung, gerät die Balance aus dem Gleichgewicht. Nichtbalancierte Beziehungen drohen zu zerbrechen. Ein Auszug aus der Wohngemeinschaft oder eine Trennung des Paares sind mögliche Folgen.

Vergleichen wir die beiden Fälle: In der Wohngemeinschaft wird typischerweise von den Mitbewohnern gleiches abverlangt. Jeder wird dazu verpflichtet, sein Spülpensum zu erfüllen, zur Sauberkeit beizutragen, die gemeinschaftlich benutzte Toilette nach dem Plan zu reinigen. Im gemeinschaftlichen Bereich ist die Arbeitsteilung relativ gering ausgeprägt und bleibt weitestgehend auf diesen Bereich beschränkt – das zumindest besagt die Norm und erscheint der Zweckgemeinschaft durchaus angemessen.[4] In der Partnerschaft, selbst einer emanzipierten Partnerschaft, umfassen die Bindungen mehr Bereiche. Obgleich man Ausnahmen findet, wird doch spätestens nach der Heirat das Geld zusammengeworfen und die Ehe begründet auch ein gegenseitiges Verantwortungsverhältnis. Zudem findet man meistens eine ausgeprägte Arbeitsteilung – vor allem, wenn Kinder vorhanden sind. Während sexuelle Beziehungen innerhalb von Wohngemeinschaften nicht ausgeschlossen sind, gehören sie doch explizit zu Partnerschaften.

Dies bedeutet, dass das, was in den Austausch einbezogen wird, was als legitimes Tauschmedium gelten kann, in weiten Teilen von der Beziehungsform, in dem dieser Tausch stattfindet, abhängig ist.

Reziprozität, die Gegenseitigkeit beim Erbringen von Leistungen ist nicht nur von den Beziehungsformen abhängig – Reziprozität kann auch als die vielleicht wichtigste Grundregel zur Stiftung von Beziehungen angesehen werden. Dennoch bleibt Reziprozität bei den meisten soziologischen Theorien auf merkwürdige Weise unthematisiert beziehungsweise unterbelichtet. In den meisten soziologischen Lehrbüchern taucht der Begriff gar nicht erst auf, obgleich er von vielen großen soziologischen Theoretikern betrachtet wurde (zumeist allerdings eher am Rande). Ursache hierfür könnte sein, dass das Reziprozitätsprinzip als so allgemeingültig und verbreitet

---

werden, hängen auch unterschiedliche gesellschaftliche Bewertungen für verschiedene Tätigkeiten zusammen.
[4] Sicherlich kann der Einzug in eine Wohngemeinschaft nicht nur durch den Zweck des Teilens einer Wohnung begründet werden: etwa ideologisch, pädagogisch oder sozial.

angesehen wird, dass es eine nähere Explikation überhaupt nicht mehr benötigt.

Unter Max Webers Begriff des „Sozialen Handelns" lässt sich zwar auch Reziprozität fassen, aber für Weber steht die Gegenseitigkeit nicht im Mittelpunkt, auch wenn er unter dem Stichwort „beiderseitiges Handeln" (Weber 1980: 13f, zuerst 1922) das Prinzip der Gegenseitigkeit anspricht. Insbesondere konzentriert er sich an dieser Stelle auf die gegenseitigen Erwartungen. Weber thematisiert dieses Prinzip aber ansonsten kaum explizit – implizit vielleicht am deutlichsten als heteromorphen Tausch in der protestantischen Ethik, in der gottgefälliges Leben eingetauscht werden sollte gegen die Seeligkeit nach dem Tode.

Anders bei Georg Simmel, der diesem Prinzip in seinem Hauptwerk einige Seiten widmet, und der bereits das Prinzip der Gabe und Gegengabe in einer Weise formuliert, in der dieser Zusammenhang später vor allem in der Ethnologie für Furore sorgt. So stellt schon Georg Simmel fest, dass „aller Verkehr des Menschen (..) auf dem Schema von Hingabe und Äquivalent" beruht (Simmel 1908: 443).

Nicht die Soziologie, sondern die Ethnologie ist dasjenige Fachgebiet, in welchem sich klassische Studien am ehesten mit Reziprozität auseinandersetzen. Am bekanntesten ist vielleicht Malinowskis Feldforschung bei den Trobriandern in der Südsee. Er beschreibt dort exemplarisch die komplexen Austauschbeziehungen zwischen den Bewohnern dieses Archipels mit Personen von anderen Inseln. Es werden Expeditionen ausgerüstet, die zu benachbarten und teilweise auch entfernten Inseln führen. Auf diesen Reisen werden den Besuchten als Gabe Halsketten überreicht. Bei späteren Gegenbesuchen überreichen die mit Halsbändern Beschenkten ihren Tauschpartnern schließlich Armbänder. Auf diese Weise werden zwischen verschiedenen Stämmen Beziehungen gestiftet und gepflegt.

Solche und ähnliche Berichte sammelte, zwar unsystematisch, doch mit einer eindrucksvollen Kenntnis der damals zeitgenössischen ethnologischen Literatur, schließlich Marcel Mauss (1990, erstmals in den zwanziger Jahren erschienen) in seinem Hauptwerk über „Die Gabe". Dabei geht es vor allem um eine Beschreibung reziproken Verhaltens in sog. primitiven Gesellschaften. Mauss' These ist vor allem, dass in der Gegenwartsgesellschaft die komplexen beziehungsstiftenden Riten abgelöst wurden durch einen Austausch, bei dem man auf weitgehende Verpflichtungen verzichtet. Beispiel hierfür sei der Kaufakt, in dem die Gabe durch Barzahlung direkt abgegolten würde. Interessant an Mauss' Buch ist ferner die These, dass nicht, wie es ökonomische Theorien vielfach glauben machen wollen, der einfache Tausch von Gütern Vorläufer des modernen Marktes sei,[5] vielmehr sei es der Kredit, der aus dem verpflichtenden Charakter der Gabe resultiert, vor der Barzahlung gewesen. D.h. der Kredit, das gegenseitige Vertrauen von Tauschpartnern ist älter als der direkte Austausch. Diese Idee weist auf den überindividuellen Charakter von Mauss' Überlegungen hin: Neben dem längerfristigen Interesse an fairen Tauschbeziehungen muss die Notwendigkeit, Kreditbeziehungen als Verpflichtung zu beachten, vor dem Kontext der sozialen Einbettung der Akteure in weitere verantwortliche soziale Beziehungen betrachtet werden.

Zwar ist es richtig, dass sich die Reziprozitätsnorm[6] in vielfacher Weise in unserer heutigen Gesellschaft wandelte, und dass durch die Marktbeziehungen, die wir im Selbstbedienungsladen eingehen, kaum mehr gesellschaftlich kohäsive Kräfte freisetzen lassen, dennoch ist diese Regel auch für unsere sozialen Beziehungen, Freundschaften und Bekanntschaften weiterhin gültig – und wer hat noch nicht Freunde verloren, weil einer der Partner eigentlich an der Reihe gewesen wäre, sich zu melden oder die nächste Einladung für ein gemeinsames Essen auszusprechen, dies aber nicht tat. Im übertragenen Sinne wurde an dieser Stelle die „Kula-Kette" unterbrochen: Spätestens beim zweiten erwiderungslosen Anruf zur Auffrischung der Freundschaft, schlafen die meisten Beziehungen ein. Dies ist dann nicht der Fall, wenn die gegenseitige Erinnerung durch strukturelle Absicherung gewährleistet ist. Beziehungen sind strukturell gesichert, wenn man sich begegnen muss, etwa durch mindestens gelegentliche Treffen am Arbeitsplatz, in der Betreuungseinrichtung der Kinder oder in der Stammkneipe.

---

[5] Klassiker der ökonomischen Theorie in diesem Zusammenhang ist Carl Menger (1871).
[6] Gouldner fasst die direkte Reziprozität als eine Norm auf. In ähnlicher Weise thematisiert auch Hondrich (2001a: 572) die Reziprozität: „Aus dem Zusammenleben selbst erwachsen moralische Regeln (nicht immer Handlungen), die so allgegenwärtig und zwingend sind, dass sie den Charakter von Gesetzen annehmen: Die Reziprozität des Erwiderns („Wie du mir, so ich dir")...". Auch das, was Gouldner unter generalisierter Reziprozität auffasst, findet sich auch bei Hondrich (2001a: 572) wieder: „Kalte Reziprozität wird durch Caritas oder Hilfe für die Schwachen in Schach gehalten."

In Mauss' Buch ging es nur um bestimmte Formen der Reziprozität, nämlich den Gabentausch und den Potlatch[7], bei dem manchmal ungeheure Reichtümer vernichtet werden, um andere zu beeindrucken. Es lassen sich aber weitere Formen finden, die durchaus mit dem Reziprozitätsbegriff etikettiert werden können.

Halten wir an dieser Stelle vorläufig resümierend fest: Es zeigt sich, dass mit vielen Austauschbeziehungen zwar ökonomisches Kalkül verbunden sein mag, dieses aber keineswegs hinreicht, um die Vielfalt des Tausches von Waren, Gaben und Leistungen erklären zu können. Zur Erklärung der unterschiedlichen Phänomene, die mit dem Tausch zusammenhängen, muss die Beziehungsdimension als Erklärungsvariable mitbetrachtet werden. Dabei reicht es nicht aus, die Beziehungsvariable als Anhängsel anzusehen – diese ist in den meisten Fällen entscheidend.

Mustafa Emirbayer veröffentlichte 1997 im American Journal of Sociology ein „Manifesto for a Relational Sociology". Darin wird beklagt, dass die Soziologie fast ausschließlich auf die beteiligten Akteure fokussiert, sei es in qualitativen Vorgehensweisen, in denen die „Fallgeschichte" dominiert oder in Befragungen, in denen der Einzelne als Träger der Informationen betrachtet wird. Die Beziehungen zwischen den Akteuren, die ja eigentlich für die Soziologie konstitutiv sein sollten, werden weitestgehend ausgeklammert. Fast jede empirische Herangehensweise erscheint zumindest implizit diesem „Individualismus" verpflichtet zu sein: Qualitative Forschung stellt die Subjektivität, den Menschen als Ganzes, in den Vordergrund und bleibt daher häufig auch bei der Interpretation von den betrachteten Einzelfällen und ihrer subjektiven Sichtweise gefangen. In quantitativ ausgerichteten Befragungen werden Daten von den Befragten oder von den Haushalten ermittelt. Mit Hilfe einer Aggregation der unabhängig gemessenen Eigenschaften in Form von Variablenkonstellation sollen schließlich Zusammenhänge offen gelegt werden. Die in der Soziologie wichtigen Beziehungen unterliegen entweder der Sicht des Einzelnen und sind damit ihrer Komponente, des „Zwischen"-Menschlichen entkleidet oder diese werden aufgrund

---

[7] Mit dem Begriff „Potlatch" werden große Feste bei den sog. „First Nations People", den Ureinwohnern Kanadas bezeichnet. Das Wesen der Feste besteht darin, dass neben überreichlichem Essen sehr viel Gaben ausgetauscht werden. Im Laufe der Geschichte kam es dabei zu ruinösen Gabenwettbewerben.

von Variablenkonstellationen, die normalerweise nicht Beziehungen repräsentieren, interpretiert.

Emirbayer thematisiert eigentlich nichts Neues: In den USA finden sich seit den frühen 70er Jahren des 20. Jahrhunderts Arbeiten, bei denen die Sozialbeziehungen als Analysegegenstand gelten. Die vor allem in Harvard vorangetriebenen Entwicklungen (White & Breiger 1975; White et al. 1976) sind eng verknüpft mit der Einführung der „Blockmodell-Analyse", einem Verfahren, welches soziale Positionen analysierbar macht. Die Überlegung, Sozialbeziehungen in den Mittelpunkt zu stellen, fußt jedoch nicht auf der Arbeit amerikanischer Soziologen. Vor allem Georg Simmel (1908) beschäftigte sich bereits zu Beginn des letzten Jahrhunderts mit solchen Fragen; noch konkreter findet sich eine explizite Beziehungssoziologie bei Leopold von Wiese (zuerst 1924). Als weiterer Vorläufer der modernen Beziehungssoziologie kann die richtungsweisende Arbeit „The Theory of Social Structure" des Ethnologen Siegfried Nadel (1957) gelten, der sich einerseits an den anderen Mitgliedern der „Manchester-Gruppe", die die Ethnologen und Anthropologen Max Gluckmann, John Barnes, Elizabeth Bott, Clyde Mitchell und Siegfried Nadel umfasste, orientierte, und andererseits von den frühen Vertretern der Rollentheorie, vor allem Ralph Linton, beeinflusst wurde.

Ein Problem, welches sich bei der empirischen Analyse von Beziehungen stellt, ist das der Messung. Wie misst man Beziehungen? Eine direkte Messung erscheint unmöglich. Einzig ein Erschließen über Indikatoren ist gangbar. Ein weiteres Problem bei der Messung von Beziehungen stellt die Möglichkeit der Asymmetrie dar. Der Einzelne, dessen Beziehungen zu den anderen durch Rollen und Positionen bestimmt werden, misst die soziale Nähe nicht objektiv. Sein Maß sind oft die eigenen Gefühle.[8] Nicht alle Gefühle werden gleichermaßen erwidert. Es handelt sich nicht um *den* sozialen Abstand (Wiese 1924; 1968: 114) in einer Beziehung, je nachdem, wen man von den aufeinander Bezogenen fragt, werden die Entfernungen oft von beiden Seiten in unterschiedlicher Weise interpretiert. Diese Unsicherheit darüber, wie der jeweilige Partner zu einem selbst steht, kann die Ursache unzähliger Verwicklungen, von Misstrauen und Streit sein.

---

[8] Ab S. 123 informiert ein Kapitel über die Messung und Definition von Beziehungen, bei denen nicht immer Gefühle bedeutsam sind.

Sozialer Abstand ist daher nicht etwas, was metrisch auszumessen wäre oder gar der mathematischen Abstandsdefinition folgen würde. Obwohl dies Wiese sicher lieb gewesen wäre, sind die Abstände eher kategorial zu fassen. Zwar kann man sagen, dass die eigenen Kinder einem näher stehen, als die Kollegen und zu diesen unterhalten wir engere Beziehungen als zu den Passanten in der U-Bahn. Aber Nähe ist nicht die einzige Beziehungsdimension. Zwischen den genannten Beziehungen finden sich typische kategoriale Unterschiede, die kaum mit einem Entfernungsmaß hinreichend erfassbar sind.

Manchmal findet sich jedoch der Ausweis einer Symmetrie in einer Beziehung: Immer dann, wenn eine Handlung hinsichtlich direkter Beziehungen als reziprok gelten kann. Ein persönlicher Brief kann beispielsweise als einseitiger Ausweis einer Beziehung gelten, erst bei seiner Erwiderung scheint für einen Augenblick eine Beziehungssymmetrie auf, die mit dem nächsten, nun wieder auf Beantwortung wartenden Brief erneut auf die Probe gestellt wird.[9] Die Symmetrie findet sich nicht nur hinsichtlich friedlicher Beziehungen, es gibt auch eine Symmetrie im Streit, die als reziprok bezeichnet werden könnte: „Auge um Auge, Zahn um Zahn."

Man könnte sogar noch weiter gehen: Neben einer subjektiv-individualistischen Vorstellung jedes Einzelnen über die Beziehung zum anderen, kann der Austausch selbst als eine Art Objektivierung bzw. Manifestation der Beziehung angesehen werden.

Dabei stellt sich die Frage, *was überhaupt wann und zwischen wem und mit welcher Wirkung* ausgetauscht wird. Es ist leicht einzusehen, dass nicht allein der Austausch zwischen zwei Personen unter dem Ausdruck Reziprozität gefasst wird. Vielfach versteht man mehr darunter: Die unterschiedlichen Formen werden in der Regel als generalisierte Reziprozitätsformen aufgefasst. Auch diesem Problem wird ein Kapitel gewidmet.

Eine Gabe, die Initialisierung eines Austauschverhältnisses, produziert sowohl beim Gebenden als auch beim Empfangenden eine Verhaltenserwartung. Solche Verhaltenserwartungen sind in der Soziologie weitreichend

---

[9] Natürlich kann ein Brief auch in einer anderen Weise erwidert werden, als durch seine Beantwortung durch einen ebensolchen. Die Formen des Austausches stehen in einer Abhängigkeit zur Nähe der aufeinander bezogenen Menschen. Hier sind Interdependenzen wahrscheinlich, hängt doch die Nähe zweier Personen oft von ihrer Umgangsform, also Konventionen, die sich aus deren Positionen im Sozialsystem ergeben, ab.

bekannt, etwa in dem, was Joas (o. J.) den Minimalkonsens der Rollentheorie nennt: „Soziale Rollen seien Bündel normativer Verhaltenserwartungen, die sich an das Verhalten von Positionsinhabern richten." Bleibt man der oft vertretenen Anschauung verhaftet, dass Reziprozität lediglich eine Norm darstelle, dann bietet sich eine Verknüpfung mit einer Rollenanalyse geradezu an. Eine solche Anschauung wäre dann auch in der Lage, unterschiedliche Austauschmodi zu erklären, denn die im Sozialsystem von den Tauschpartnern eingenommenen Positionen bestimmen auch die Erwartungen der Gaben und Gegengaben. Hier wäre die Gegenleistung in ein komplexeres Gewebe sozialer Beziehungen eingebettet. Erst eine Analyse dieses Geflechtes würde uns den Kontext für eine Untersuchung von z.B. sog. „nichtreziproken" Tauschverhältnissen erschließen, also solchen, bei denen die Erwiderung keine Äquivalenz aufweist. Dies ist oft beim Tausch zwischen sozial Ungleichen zu finden. Häufiger betrachtet man daher die Tauschverhältnisse zwischen Akteuren, welche eine strukturell ähnliche Position einnehmen. Hier lassen sich die Grundprinzipien der Reziprozität am besten darstellen.

Allen Erklärungen gemeinsam ist die fundamentale Bedeutung, die der Reziprozität zugewiesen wird. Je nach theoretischer Ausrichtung wird der Ursprung in der Notwendigkeit des Austausches oder gar in der Stammesgeschichte vermutet: Arnold Gehlen zum Beispiel bezeichnet „Reziprozität des Verhaltens als eine ganz grundlegende anthropologische Kategorie" (1964: 45); „als eine durchlaufende menschliche Stilkonstante" (1969: 52). „die Gegenseitigkeit oder Reziprozität des Verhaltens wurde seit langem als ein Fundament menschlichen Verhaltens erkannt" (1969: 47).[10] Reziprozität findet sich sogar in der Körperlichkeit des Menschen wieder. Man hat im Hirn sog. Spiegelneuronen entdeckt, die für eine unbewusste Symmetrie mit anderen beobachteten Menschen sorgen (Rizzolatti/Sinigaglia 2008). Hierdurch ahmt das Hirn bestimmte Gesten, Bewegungen des Gegenüber nach - dabei handelt es sich um einen physiologischen Vorgang, gegen den man sich nicht wehren kann. Dies lässt sich als Zeichen dafür deuten, dass in der menschlichen Entwicklungsgeschichte bedeutende soziale Umgangsweisen sich „verkörplicht" haben. Das heißt aber noch nicht, dass die Biologie festlegen würde, wie solche Anlagen kulturell genutzt werden (Breithaupt 2009) – und es zeigt, dass soziale Phäno-

---

[10] Reziprozität findet sich nicht nur bei den Menschen, sondern sogar bei den Primaten, wie von Hemelrijk (1991) nachgewiesen werden konnte.

mene extrem wichtig sind. Das wertet aber auch die, die Phänomene erklärende Wissenschaft – die Soziologie, auf. Sie weist an dieser Stelle breite Schnittstellen mit den Bereichen der Biologie/Medizin auf.

Auch wenn die Bedeutung des Reziprozitätsphänomens nicht bestritten werden soll, so scheinen dennoch zentral für eine Erklärung der unterschiedlichen Austauschformen und deren Inhalte die Beziehungen (analytisch: die Beziehungsstruktur) zwischen den Menschen zu sein, die gleichzeitig von den Tauschhandlungen abhängig sind. Die Konstitution und die Dauerhaftigkeit von Austauschbeziehungen kann nach Parsons darauf zurückgeführt werden, dass die Akteure sich gegenseitig brauchen, um ihre wechselseitigen Bedürfnisse zu befriedigen. Dies meint keineswegs nur den Austausch von Gütern, sondern auch immaterielle Güter, wie emotionale, aber z.B. auch sexuelle Bedürfnisse sind davon betroffen. Gerade an den, für die vom Anderen erbrachten und für den Einzelnen unverzichtbaren Leistungen[11] kann man ermessen, wie wichtig soziale Beziehungen sein können. Allerdings wäre eine solche individualistische Erklärung der Bedeutung sozialer Beziehungen viel zu kurz gegriffen, denn alle Bezüge sind eingebettet in ein komplexes Gebilde von sozialen Einheiten, in welchen sich Beziehungen während ihrer eigenen Geschichte festigen oder auch lösen. Diese sozialen Einheiten wiederum sind nicht autonom, sondern ihrerseits in Austauschbeziehungen mit anderen, ähnlichen Einheiten eingebettet.

Mit anderen Worten, das, was als autonome Austauschbeziehung als von den Interessen, also einem von Beobachtern rational nachvollziehbaren Handeln zwischen zwei Akteuren erscheint, lässt sich zu einem weiten Teil durch die Einbettung der Akteure in weitergehende Sozialbeziehungen erklären.

Austauschbeziehungen sind fast immer in soziale Formen eingebettet. Es lassen sich Formen von Reziprozitätsbeziehungen unterscheiden. Die Unterscheidung von Form und Inhalt geht auf Georg Simmel zurück. Formen regulieren Erwartungen und Erwartungserwartungen und stabilisieren damit die Art und Weise des Umgangs der Menschen miteinander. Da Formen überindividuell gesellschaftliches Zusammenleben regulieren, zeigt sich, dass Gaben und Gegengaben, zwar vom Einzelnen überreicht und ausge-

---

[11] Der Begriff „Leistung" steht für eine Erweiterung der Austauschmedien über materielle Güter hinaus.

staltet werden, aber nicht ohne Weiteres durch den Einzelnen verändert werden können.[12]

Im vorliegenden Buch wird nicht in erster Linie der Herkunft reziproken Verhaltens nachgespürt – es geht vor allem um die Formen und deren Wirkungen auf soziale Strukturen, auf gemeinsames Zusammenleben, auf die Bindungen, die aufgefrischt und geschaffen werden.

Es ist eben nicht nur die eine Beziehung, die in Frage gestellt würde, wenn der Einzelne nicht reziprok tauschen würde, sondern die Beziehungen zur größeren sozialen Einheit wären davon ebenfalls betroffen. Aber selbst diese Erklärung scheint noch zu individualistisch-rational zu sein und erklärt lediglich einen Teil der (Tausch-)Handlungen wirklich befriedigend. Tauschhandlungen sind immer in noch weitergehende Bindungen integriert: Der Einzelne handelt stellvertretend für seine Familie, für eine Stadt, für eine Nationalität usw. Bringt er sich selbst in Misskredit, so wirkt dies auf alle mit ihm verbundenen, also in einer Beziehung zu ihm Stehenden zurück. Tauschhandlungen sind also in weiten Bereichen sozial reguliert, da sie weit über den einzelnen Tauschakt hinausreichende Auswirkungen entfalten können.

Neben dem Erklärungsversuch des Austauschverhaltens mittels der sozialen Beziehungen, können noch weitere Ursachen angeführt werden: etwa Normen und Traditionen. Die soziale Umwelt achtet beispielsweise genau auf Beziehungen, die nicht zu weit von eigenen (in einem bestimmten Spektrum als gesellschaftlich gültigen) Maßstäben abweichen. Wenn etwa die Eltern der Meinung sind, dass ihr Sohn oder ihre Tochter von einem Freund ausgenutzt wird, werden sie einiges daran setzen, den anderen Beziehungspartner in Misskredit zu bringen. Die Normverletzung führt sogar ohne eigene (direkte) Betroffenheit zu Sanktionen.

Mit anderen Worten: In diesem Buch steht ein Tauschprinzip im Vordergrund – die Reziprozität. Es soll aber argumentiert werden, dass dieses Tauschprinzip beziehungskonstitutiv und -festigend wirkt, wobei die Art der

---

[12] Dieses Argument der Einbettung ist gegen den Individualismus gerichtet, gleichwohl individualistische Theorien heute oft ebenfalls sozialintegrative Elemente berücksichtigen. Für Theodor Litt (1919) erscheinen selbst die Versuche Simmels und Wieses zur Überwindung des „Atomismus" durch die Formale Soziologie gefährlich. Bei den Begriffen „Beziehung" und „Wechselwirkung" werde die gesellschaftliche Gesamtheit lediglich zum Aggregat von unterschiedlichen Elementen.

bereits bestehenden Beziehung wiederum spezifische reziproke Austauschprozesse motiviert. D.h. die Betrachtung von Austauschprozessen kommt ohne eine nähere Fokussierung auf die sozialen Beziehungen kaum aus.

Im Laufe der Soziologiegeschichte wurden allerdings sehr vielfältige Begriffe der Reziprozität entwickelt. Dies ist die Ursache dafür, dass eine Explikation und eine Definition dieser Begriffe notwendig wird.

2 Formen der Reziprozität

Begrifflich lassen sich mindestens vier Reziprozitätsformen unterscheiden:
1. Direkte „echte" Reziprozität (eingeschränkter Tausch)
2. Generalisierte Reziprozität
3. Reziprozität von Positionen (reziproke Rollenbeziehungen)
4. Reziprozität der Perspektive

Alle vier Typen sollen im Folgenden behandelt werden. Jedem der Typen wird ein Kapitel gewidmet. Die oben genannte Reihung entspricht der Rangfolge der Behandlung in dieser Arbeit.

Über den Begriff der direkten Reziprozität muss an dieser Stelle nicht viel gesagt werden, denn er wird im nachfolgenden Kapitel genauer erläutert.

Generalisierte Reziprozität ist eine Leistung, die erbracht wird, ohne auf einen direkten Ausgleich hoffen zu können.[13] Dieser Begriff wird häufig in Verbindung mit Gruppenzugehörigkeit gebracht. Gruppenzugehörigkeit kann in diesem Zusammenhang sowohl eine konkrete Gruppe (Familie, Sippe, Verein, Gleichaltrigengruppe etc.), als auch eine soziologische Gruppe (etwa die Gruppe der Arbeiter, die der Fernfahrer oder der Ärzte) meinen, die selbst untereinander gar nicht in Kontakt stehen. Die ersten beiden Bedeutungen stellen den Austausch selbst in das Zentrum.

Die dritte und vierte Bedeutung hängt eng miteinander zusammen. Reziprozität von Positionen meint, dass beispielsweise in Rollensystemen eine bestimmte Rolle immer gleichzeitig auch einen Gegenpart besitzt. Die Rollen passen ineinander, ja eine bestimmte Rolle mag ohne die andere gar

---

[13] Der Ausgleich findet entweder mit großer zeitlicher Verzögerung oder durch andere Personen statt. Lévi-Strauss (1983) bringt sogar das Beispiel des Frauentausches, bei dem eine Familie eine Frau hergibt, aber überhaupt nicht selbst auf eine Ausgleich spekulieren kann – dieser wird anderen des eigenen Dorfes zuteil.

nicht denkbar sein, man denke etwa an den Arzt, der ohne Patient kaum seiner ärztlichen Position gerecht werden kann.[14] Die Gegenseitigkeit des Verhaltens entspricht nicht einer klaren Definition einer bestimmten Gabe und einem entsprechenden Äquivalent, sondern der Austausch ist durch die spezifische Position der Beteiligten reguliert. Nicht immer werden die Partner als gleichberechtigt angesehen, oft finden sich in solchen Rollensystemen Hierarchien, die eine wertorientierte Äquivalenz der Tauschgüter oder -leistungen ausschließen. Diese Bedeutung von Reziprozität sagt also etwas darüber aus, was legitime Tauschgüter für die Beteiligten sind, und wie diese, abhängig von den Positionen bewertet werden.

Reziprozität der Perspektive nun meint nicht das gleiche wie Rollenreziprozität, sie meint, dass die beteiligten Akteure in der Lage sind, die aus der Perspektive des anderen sich ergebenden Erwartungen zu erkennen. Die dahinter stehende Idee ist, dass man, wenn man sich in die Lage des anderen hineinversetzt, auf eine bestimmte Art, und zwar von einem ähnlichen Standpunkt aus, die Handlungen zu interpretieren weiß. Die Wissenssoziologie erkannte diesen Zusammenhang als eine der Grundvoraussetzungen für Verständigung. Da hierbei explizit auf den Standpunkt des Gegenübers und dessen strukturelle Einbindung rekurriert wird, ist die Verwandtschaft zur Rollenreziprozität einsichtig. Die vierte Bedeutung von Reziprozität erklärt das Wissen der Beteiligten um die aus den Positionen zu erwartenden Tauschhandlungen.

Die Abhandlung beginnt aber mit einer Darstellung und Diskussion der direkten Reziprozität, gefolgt von generalisierter Reziprozität. In diesem Buch wird die Bedeutung der Beziehungsstruktur für die Reziprozität herausgestellt. Einer der ersten, der bei der Diskussion von Reziprozität durchgängig die Beziehungen integriert, ist Sahlins (1972; 1999). Er unterscheidet neben der direkten und der generalisierten Reziprozität sogar noch eine weitere Form, nämlich die der negativen Reziprozität. Er führt für die primitive Gesellschaft drei Arten von Gegenseitigkeit ein, nämlich generalisierte, balancierte und negative Reziprozität. Welche Form der Reziprozität Anwendung findet, ist bei Sahlins von der Einbettung der Tauschbeziehung der Akteure in die Sozialstruktur abhängig. Besteht eine große soziale Distanz, überwiegt die negative Reziprozität. Negative Reziprozität meint den

---

[14] In der klassischen Philosophie wird ein solches Verhältnis von Hegel (1807) am Beispiel von Herr und Knecht dargestellt (vergl. Hegel-W Bd. 3, S. 145 ff.).

Versuch des Betruges, etwas zu erlangen, ohne dafür eine Gegenleistung erbringen zu müssen. Die balancierte Reziprozität beruht auf einem direkten Austausch gleicher Werte. Sind die Beziehungen hingegen eng, besteht eine große soziale Nähe, überwiegt generalisierte Reziprozität. Dabei wird gar nicht unbedingt eine Gegengabe erwartet. In Handelspartnerschaften bzw. -freundschaften unterdrücken die Partner die negative Reziprozität. Es wird ein Interessensausgleich angestrebt, feilschen ist unüblich. Bei extremer Armut findet man oft, dass die geringen Ressourcen geteilt werden.

Das Besondere an der Idee von Sahlins ist (vergl. auch Kappelhoff 1995) die Rückführung der Form des Austausches auf die strukturelle Einbettung der Beziehungen in das Sozialgefüge. M.a.W. und dies soll durchgängig in diesem Buch aufgezeigt werden, beruhen die Tauschmodi nicht (oder zumindest nicht nur, oft auch gar nicht) auf individuell-rationalen Kalkülen, sondern diese werden durch die Form der Beziehungen, in die die Akteure eingebunden sind, in spezifischer Weise strukturiert. Wie diese Strukturierung erfolgt und welchen Prinzipien diese folgt, soll auf den folgenden Seiten beschrieben werden.

Allerdings wird von Sahlins lediglich die Idee der Einbettung der Tauschmodi in die Sozialstruktur übernommen. Seine Typologisierung erscheint jedoch nicht ganz korrekt, denn es sind auch Formen generalisierter Reziprozität in weniger engen Beziehungen zu finden. Diese ergeben sich sogar zwischen einander Unbekannten: Man denke nur an die Bitte um Wegeauskunft oder an eine auf der Straße geschnorrte Zigarette.

3 Direkte Reziprozität

Zunächst einmal sollen die beiden ersten Grundtypen reziproken Austausches unterschieden werden. Der eine Typus soll „direkte" oder „echte" Reziprozität heißen, der andere, analog der gebräuchlichen Weise „generalisierte Reziprozität". Direkte Reziprozität beruht auf direkten Beziehungen, die sich, egal wie viele Personen letztlich daran beteiligt sind, analytisch in Dyaden auflösen lassen.[15] In solchen Beziehungspaaren werden, sofern nicht durch die Position der Akteure andere Tauschverhältnisse erwartet werden, ungefähr äquivalente Leistungen gegenseitig erbracht. Die andere Klasse reziproker Beziehungen nennt sich generalisierte Reziprozität, hierbei lassen sich die Leistungen nicht auf einen eindeutig benennbaren Gabenzyklus zwischen zwei Personen zurückführen.

Der beziehungsrelevante Teil des Austausches ist, je nach Form des Austausches, unterschiedlich zu bewerten. Es wird mit einer Form des Austausches begonnen, bei der die Beziehungen der Akteure nicht von entscheidender Bedeutung zu sein scheinen. Die Bewertung der Äquivalenz, so eine Idee, wird an eine externe Institution, den Markt delegiert. Auf diesen können die Akteure jeweils lediglich sehr geringen Einfluss ausüben.

3.1 Die Form des Warentausches

Die einfachste und gleichzeitig auch am wenigsten beziehungsstiftende Form des Austausches ist der Kauf. Je nach Perspektive wird Ware gegen Geld getauscht – bzw. Geld gegen Ware. Danach ist der Tauschvorgang

---

[15] Diese Auflösung in Dyaden bezieht sich auf den Austausch, nicht unbedingt auf die Wirkung des Tausches.

abgeschlossen, aus diesem Vorgang heraus ergeben sich keinerlei weitergehenden Verpflichtungen.[16]

Da die durch diese Tauschform sich konstituierenden Bindungen minimal sind, also nur geringer sozialer Regulierung unterliegen, ist eine formaljuristische Rahmung unumgänglich. In den meisten Fällen würden sich die Beteiligten auch ohne die juristischen Regeln normkonform verhalten. Die Rechtsnorm stützt aber das Vertrauen dergestalt, dass die Sanktionsdrohung im Falle eines Betrugsversuchs an eine andere Instanz abgegeben werden kann.[17]

Die formaljuristische Absicherung macht deutlich, dass es sich selbst beim Warentausch keineswegs um ein rein individualistisches Phänomen handelt – eine höhere Instanz wie der Staat stellt Rahmenbedingungen her, um eine Sicherheit beim Tausch erst zu gewährleisten.

Die direkten Austauschformen stehen den Überlegungen zum Individualismus am nächsten. Den Einzelnen wird unterstellt, zu fragen, was ihnen der Tausch bringt, welchen Vorteil sie daraus ziehen können, wenn sie tauschen. Kostet mich die Hilfe weniger, als sie dem anderen erbringt und bekomme ich ein Äquivalent für das, was es dem anderen nutzt, dann mache ich ein gutes Geschäft. Bekomme ich weniger als das Äquivalent, aber immer noch mehr als meine eigenen Kosten, dann ziehen beide Transaktionspartner einen Vorteil daraus. Dies kann als Regel für einen funktionierenden Markt angesehen werden. Als individualistische Herangehensweisen werden Rational-Choice Theorie und die damit eng verwandten Operationalisierungen mittels der Spieltheorie angesehen.

---

[16] Natürlich ist diese Formulierung so nicht ganz korrekt, denn es ergeben sich sehr wohl eine Reihe rechtlicher Verpflichtungen, etwa Gewährleistungsansprüche. Auch können sich Kulanzfolgen hinsichtlich der Möglichkeit des Umtauschs, einer ersten Inspektion etc. ergeben. Allerdings sind solche Verpflichtungen in der Regel asymmetrisch, obschon die Ware bezahlt ist, sind sie vom Verkäufer zu erbringen, bzw. sie gelten von vornherein als Vertragsbestandteil. Da die aus einem solchen Vertrag erwachsenden rechtlichen Ansprüche im Zweifel nur schwer durchsetzbar sind, ist eine gewisse Vertrauensbeziehung zum Verkäufer ebenfalls notwendig (hierzu siehe Kappelhoff 1995).

[17] Diese Art des Warentausches ist es wohl auch, die Ferdinand Tönnies dazu bewog, Reziprozität auf dem Gegensatzpaar Gemeinschaft und Gesellschaft, dem gesellschaftlichen Bereich zuzuschlagen.

Bezeichnung der Grundregel:
Wie Du mir, so ich Dir!

Dieses „Tit for Tat" ist die Regel, mit welcher sich ein spieltheoretisches Experiment gewinnen ließ (Axelrod 1987). Axelrod veranstaltete zwei Programmierwettbewerbe für das sog. iterierte Gefangenendilemma, bei dem jeweils zwei Spieler aufeinandertreffen und entscheiden müssen, ob sie miteinander kooperieren oder nicht. Es traten insgesamt 40 Programme gegeneinander an, wobei das einfachste (Tit for Tat) von Anatol Rapoport gewann. Diese Befunde waren der Auslöser für Axelrod, sich mit der Entstehung der Kooperation zu beschäftigen. Die Ausgangsfrage, „unter welchen Bedingungen entsteht Kooperation in einer Welt von Egoisten ohne zentralen Herrschaftsstab?" (a.a.O., 3) macht bereits die individualistische Ausrichtung klar. Die Akteure werden nicht in erster Linie als in Beziehungen Stehende und durch diese Beziehungen geprägte Handelnde charakterisiert, sondern als Egoisten, die sich eigennützig verhalten. Axelrod begründet sein Forschungsvorhaben auch mit der Beobachtung von Reziprozitätsbeziehungen. Sein Ziel ist es, mittels einiger Annahmen über individuelle Motive zu Aussagen über eine Regelmäßigkeit im gesamten Sozialsystem zu gelangen.[18]

Typisch für die Art der dort behandelten Fragen sind Handlungsmodelle, etwa das Gefangenendilemma. Im klassischen Gefangenendilemma können die beiden Spieler nicht darüber miteinander kommunizieren, wie sie sich verhalten. Ihnen wird eine hohe Belohnung für einseitige Nichtkooperation (Defektion) in Aussicht gestellt. Mit einseitiger Nichtkooperation ist gemeint, dass einer der Spieler nicht kooperiert, obgleich der andere dazu bereit ist. Würden beide kooperieren, ergäbe sich jedoch das für beide günstigste Ergebnis. Als Beispiel wird oft das der beiden Straftäter bemüht, die für ein Geständnis eine milde Strafe oder gar Freilassung versprochen bekommen. Packt keiner von beiden aus, reicht die Beweislage lediglich zu

---

[18] Hierin entspricht er genau der Definition von Acham (1990: 78) zum Methodologischen Individualismus, der unten noch einmal genauer behandelt wird: „Der methodologische Mikro-Reduktionismus (Individualismus) ist durch die Annahme charakterisiert, dass die Systemeigenschaften aus den Komponenteneigenschaften folgen, ohne dass die Systemeigenschaften auf die Komponenteneigenschaften zurückwirken (oder, wenn sie dies tun, in einem Ausmaß, welches zu vernachlässigen ist)."

einer Verurteilung aufgrund kleinerer Delikte, was für beide die günstigste Lösung wäre. Das Dilemma besteht nun darin, dass der einzelne versucht ist, seine eigene Haut auf Kosten des anderen zu retten (auspacken). Wenn beide dies tun, werden beide zu einer hohen Haftstrafe verurteilt. Ein weiteres zentrales Merkmal dieses Spiels ist es, dass es von den Beteiligten lediglich ein einziges Mal gespielt wird. Eine Wiederholung ist im Spielplan nicht vorgesehen.

Das klassische Gefangenendilemma nun wird in Axelrods Studie nicht nur ein einziges Mal gespielt, sondern mehrmals wiederholt (iteriertes Gefangenendilemma). Während beim einmaligen Spiel die dominante Strategie die Nichtkooperation sei, werde die Entwicklung der Kooperation dadurch ermöglicht, dass gegenwärtige Entscheidungen nicht allein den Ausgang des gegenwärtigen Treffens bestimmen, sondern auch die späteren Entscheidungen der Spieler beeinflussen können. Die Möglichkeit, die Strategie in Zukunft zu ändern, kann also in diesem Spiel die Entscheidungen der Gegenwart beeinflussen.

Die Strategie des „Tit for Tat" lautet, „beginne kooperierend und tue danach genau das, was dein Gegenüber zuletzt tat". Diese Strategie setzte sich gegenüber allen anderen durch – sogar in einem Umfeld, in dem zunächst kaum jemand zur Kooperation bereit war. Die Idee ist, dass die anderen von der erfolgreichen Strategie lernen und sich damit, quasi evolutionär die kooperative Strategie langfristig gegenüber anderen Strategien durchsetzt. Vorteil dieser Idee seien die schwachen Annahmen, die gemacht werden müssten, um zu den Ergebnissen zu kommen (Axelrod 1987: 156f): Die Individuen müssten sich keineswegs rational verhalten, der Evolutionsprozess erlaube es den erfolgreichen Strategien, sich zu entwickeln, selbst wenn die Spieler nicht wüssten, warum oder wie es geschehe. Es sei kein Austausch von Nachrichten notwendig und auch keine Annahmen über Vertrauen und auch Altruismus sei unnötig; Gegenseitigkeit könne sich selbst überwachen.[19]

---

[19] Hiergegen spricht Granovetters Idee der Embeddedness von wirtschaftlichem Verhalten – Reziprozität wird über schwache Verbindungen auch zwischen entfernteren Akteuren sichergestellt. Auch vermittelte und schwache Verbindungen tragen einen Ruf weiter. Fehlverhalten, nicht eingehaltene Reziprozität würde sich auf Dauer geschäftsschädigend auswirken (vergl. Granovetter 1985).

Die „Tit for Tat" Strategie besitzt zweifelsfrei einige Vorteile, einer davon ist sicherlich seine Einfachheit. Allerdings werden einige Restriktionen übersehen, die in realistischen Sozialbeziehungen eine wesentliche Rolle spielen: Vielfach entsteht die Bereitschaft zur Nichtkooperation nicht aus bösem Willen oder übertriebenem Egoismus, wie in Axelrods Arbeit zumindest implizit nahegelegt wird. Diese ergibt sich oft einfach aus Kapazitätsgründen – man kann nicht auf die Kooperationsforderungen eines jeden eingehen, denn die bis dahin eingegangenen Kooperationen, sprich Beziehungen absorbieren bereits einen Großteil der Möglichkeiten des Einzelnen. Nichtkooperation könnte also (zunächst ebenfalls individualistisch) als Selbstschutz (vor Kapazitätsüberschreitung) betrachtet werden, geht aber weit darüber hinaus. Axelrod gesteht zu, dass die Grundlage der Kooperation in der Dauerhaftigkeit der Sozialbeziehungen zu suchen sei. Dauerhafte Sozialbeziehungen besitzen aber weiter reichende Vorteile als lediglich die Sicherstellung der Kooperation: Sicherheit, Vertrauen, die Herausbildung einer Identität – und für den Austausch bestimmter Leistungen sind sehr intensive Beziehungen, bzw. Beziehungsstrukturen notwendig. Diese Bedingungen führen zu Abschließungen, die als Kooperationshemmnis gegenüber solchen Akteuren gedeutet werden können, die nicht zu dem abgeschlossenen Zirkel gehören. Der Austausch kann daher in Umkehrung der behaupteten kausalen Folge auch als Katalysator für Beziehungen angesehen werden – als Ergebnis einer Folge gelungener Tauschakte kommt es zu einer Intensivierung von Bindungen. M.a.W. der Austausch ist notwendig, um die Beziehung zu generieren, zu intensivieren oder zu erhalten – wenn es stimmt, dass in zahlreichen Fällen nicht der Austausch an sich, sondern die Beziehung das zentrale Moment ist, dann ergibt sich daraus, dass die spieltheoretischen Experimente Axelrods zwar für einen Ausschnitt der Austauschbeziehungen, etwa dem Warentausch von Bedeutung sein können, aber keineswegs hinreichend sind, um weitergehende Aspekte der Kooperation in sozialen Beziehungen erklären zu können.

Ein weiteres Problem der Reduktion von Austauschprozessen auf die individualistische Sichtweise zeigt sich bei Colemans (1991: 153) Überlegungen zum Tauschhandel:

„Beim Tauschhandel muss es, wie Edgeworth (1881) gesagt hat, ein doppeltes Zusammentreffen von Bedürfnissen geben. Das bedeutet, dass nicht nur A etwas hat, das B gerne haben möchte, sondern auch, dass B etwas hat, das A gerne haben möchte, und jeder möchte das, was der andere hat, lieber haben als das, was er selber hat, und ist deshalb bereit, dieses im Austausch aufzugeben."

Dagegen lässt sich bezweifeln, ob sich überhaupt Personen als eigenständig zu betrachtende Akteure gegenüberstehen können. Der Akteur wird doch vielmehr analog Simmels Überschneidung der sozialen Kreise erst durch die Auseinandersetzung mit anderen geformt. In dieser Auseinandersetzung bilden sich auch erst die Interessen, jene Bedürfnisse heraus, die hier von Coleman als gegeben angenommen werden. Mehr noch: Diese Bedürfnisse unterliegen einem raschen Wandel, die beispielsweise durch die Werbung beeinflussbar sind.[20] Sie lassen sich schnell wecken, verschwinden aber auch schnell wieder. Die Akteure stehen in sozialen Beziehungen zueinander, wobei die Beziehungen die Identitäten, also das, was den Einzelnen ausmacht, formen. Gleichzeitig unterliegen diese Beziehungen aber auch ständigen Veränderungen, die Wiese „sozialer Prozess" nannte. Mit dem Prozess gehen aber auch Änderungen der von Rational-Choice Theorie als fix angenommenen Präferenzen einher. Colemans Definition scheint also kaum tauglich, reziproke, oft zusätzlich in Rituale eingebundene Tauschprozesse zu erklären (auch Malinowski (1949) interpretiert den rituellen Tausch als eigennützig, auch wenn er die Funktion des rituellen Tausches als Faktor zur Aufrechterhaltung von Sitte und Recht in seine Überlegungen miteinbezieht). Eine Interpretation von der anderen Seite her, von der Seite der sozialen Integration ist dagegen weiterführender.

3.2 Reziprozität und die Entstehung von sozialen Institutionen

Nach Thurnwald, der als einer der Gründer der deutschen Anthropologie gilt, entstehen institutionelle Bindungen erst durch die Gegenseitigkeit von Leistung und Gegenleistung (Thurnwald 1957: 92). Hieraus lässt sich ableiten, dass soziale Systeme, also Organisationen und gesellschaftliche Institutionen nur dann eine Stabilität erreichen, wenn ein Gleichgewicht zwischen dem Erbringen von Leistungen einerseits und den Erwiderungen von Leistungen andererseits entsteht. Die Bewertung der Leistungen kann nicht

---

[20] Hierauf weist Kreutz hin (Coleman & Kreutz 1997).

objektiv erfolgen, sondern wird aufgrund der herrschenden Werte vorgenommen. Auch Thurnwald argumentiert in dieser Hinsicht individualistisch: Die Struktur erklärt sich aus den individuellen Handlungen. Exemplarisch zeigt dies Thurnwald (1957: 91) am Beispiel der Beziehungen zwischen Hirten und Feldbauern im östlichen Afrika. Besonders die jugendlichen Hirten suchten den Kontakt zu den Feldbauern, um mit diesen den Tausch zu pflegen.

„Während hier eine „Verzahnung" Platz greift, setzt ein anderer Prozess ein, der oft desintegrierend auf die beteiligten Sippen wirkt. Die erwähnten Verzahnungsvorgänge vollziehen sich nämlich unter Einzelpersonen (oder Familien). Die Gier solcher Einzelner nach Gegenleistung ist geeignet, sie ihrer Gruppe zu entfremden, aus ihrem Sippenverband loszureißen, zu individualisieren. Die Rivalität unter den Hirten, die gewöhnlich die Initiative ergreifen, lockert sich daher, während die Verzahnung mit den Feldbauern wächst."

Thurnwald ist der Meinung, dass die neuen Beziehungen die älteren auf Verwandtschaft beruhenden Beziehungen in Frage stellen. Dies führt zu einer neuen Struktur, die auf einem politischen Zusammenschluss durch freundschaftliche Austauschbeziehungen beruht.

Hier erklärt Thurnwald, wie er sich die Entstehung von Beziehungsstrukturen in einer modernen Gesellschaft vorstellt – nämlich durch von der Herkunft abgelöste und auf Austausch beruhende Beziehungen.

So gesehen, passt der Tönniessche Reziprozitätsbegriff, der zur Gesellschaft, der Sphäre der Rationalität zugeordnet wird, durchaus auch zu Thurnwalds Überlegungen (Tönnies 1887).

Bei den Naturvölkern hingegen und in dem von Tönnies beschriebenen Zustand der „Gemeinschaft" ist der Austausch in eine langfristige Kette von Handlungen eingebunden, d.h. die Reziprozitätsregel kann sich auf die Stabilität von Beziehungen verlassen. Eine einmal geleistete Hilfe oder ein bereitgestelltes Gut wird irgendwann einmal vergütet. Demgegenüber gilt in der „Gesellschaft", wie sie Tönnies beschreibt, eher die direkte Reziprozität. Hier wird Geld zum Mittel, um direkte Reziprozität herzustellen. Juri Rytchëu (1993) etwa schildert das Leben der Tschuktschen zur Jahrhundertwende zum 20. Jahrhundert, die vor allem vom Fang von Robben und Walrossen lebten und in Tauschbeziehungen zu den Rentierzüchtern des Hinterlandes standen. Malinowski zeigt die Beziehungen zwischen den fischfangenden und den gemüseproduzierenden Dörfern auf den Trobriand-Inseln. Der Tausch lässt sich in diesen Fällen überhaupt nicht direkt organisieren – beispielsweise ist das Gemüse nicht unbedingt in dem Moment reif, in dem die Fische angelandet werden. Geld jedoch vermag einen Ausgleich direkt herzustellen, anders ist eine komplexe Gesellschaft wahrscheinlich auch gar nicht zu organisieren. Wenn aber ein Ausgleich immer sofort erfolgt, dann werden die Beziehungen, die mit dem Tausch, bzw. der Bezahlung der Lieferungen konstituiert werden könnten, sofort austariert. Dies führt dazu, dass ein wesentlicher Bereich gesellschaftlichen Zusammenhalts, der langfristige Tausch als strukturbildende Komponente zurückgedrängt wird.

3.3 Direkte Reziprozität im Begrüßungsritual

Eine andere Form direkter Reziprozität ohne bedeutenden zeitlichen Abstand analysiert Ulrich Oevermann (1999) unter Betrachtung des Begrüßungsrituals.

„Die Begrüßung konstituiert, indem sie mit einem bestimmten Zukunftswunsch [„guten Tag", oder „guten Morgen" (der Verf.)] eine gemeinsame Praxis eröffnet, Sittlichkeit oder Reziprozität zwischen Subjekten, sie erzeugt also konkrete Sozialität." (Oevermann 1999: 73)

Die Beschreibung des wesentlichen Unterschieds zwischen dieser Form der Reziprozität im Verhältnis zur Reziprozität beim Warentausch, kann gleichzeitig als Kritik an den meisten Handlungstheorien gelten.[21] Hier wird – und das ist, wenn man reziproke Beziehungen betrachtet, sehr häufig der Fall – etwas völlig Gleichwertiges getauscht.

„Es handelt sich nämlich um einen Austausch zwischen Subjekten, der radikal verschieden ist von der Tauschbeziehung, wie sie z.B. der Marxschen Gesellschaftstheorie konstitutiv zugrunde liegt oder auch den meisten Versionen der Handlungstheorie. In diesen wird notwendig von der Bedingung der Differenz ausgetauschter Gebrauchswerte ausgegangen. A hat einen Gegenstand X im

---

[21] Vergleiche das Zitat von Coleman (1991: 153) auf S. 37.

Überfluss, aber von Y zu wenig und B hat komplementär dazu von X zu wenig, aber von Y im Überfluss. Also ist es rational zu tauschen." (Oevermann 1999: 74)

Oevermann hält die Begrüßung für ein elementares Beispiel des Strukturmodells von Sozialität und deren Strukturgesetzlichkeit von Reziprozität überhaupt. Es gehe um eine zweckfreie Reproduktion von Sozialität an sich unter der Bedingung der Gebrauchswertidentität.[22] Hierfür hat Lévi-Strauss (1983) ebenfalls ein schönes Beispiel beschrieben. Er schildert eine Beobachtung aus den französischen Fernfahrergaststätten, bei denen die Fahrer an langen Tischen zusammenkommen und miteinander essen. Zum Mittagessen wird offener Wein, zumeist in Krügen gereicht, der ein kleines bisschen Luxus im Leben der Fahrer darstelle. Die Fahrer, die sich so zusammenfinden, kennen sich in der Regel nicht. Es habe sich ein Ritual herausgebildet, wonach der eine Gast seinem Gegenüber etwas von seinem Wein eingießt. Diese Geste wird von dem Gegenübersitzenden natürlich sofort erwidert. Auch hier wird etwas ausgetauscht, was keiner von beiden benötigt, da jeder es ja bereits selbst besitzt. Dennoch erfüllt auch hier der Austausch die Funktion, sich gegenseitig zu binden; der Tausch wird zu einer Art Katalysator für die Sozialität, für das Gespräch, für die zeitweise Überwindung der Einsamkeit hinter dem Steuer und befördert eine gelungene Mittagspause.

Eine wichtige, vielleicht die wichtigste Funktion solcher reziproker Rituale ist die Herstellung von Gleichheit in einem bestimmten Merkmal und damit auch die temporäre und partielle Aufhebung von sozialen Grenzen[23]. Zwar ist der soziale Abstand zwischen Fernfahrern in einem „Routier-Restaurant" gering, dennoch erfolgt rituell die Überwindung des Abstands, die Gemeinmachung durch den Weintausch. Eine zuvor latente Solidaritäts-

---

[22] Das Argument stimmt nicht unbedingt für alle Situationen (auch hier ist die Beziehung die intervenierende Variable): Obgleich es seltener vorkommt findet man auch so etwas, wie bewusstes „Nichtgrüßen". Auch dieses reproduziert Sozialität, allerdings in Form einer negativen Beziehung. Selbst bewusstem Wegschauen, um nicht grüßen zu müssen, kommt eine Funktion im Beziehungsgefüge zu. Wegschauen kommt beispielsweise vor, wenn man sich nicht ganz sicher ist, ob die andere Person sich an einen selbst erinnert oder nicht – es kann also ebenfalls als eine Form, Reziprozität herzustellen, angesehen werden.
[23] Hillebrand (2009) setzt sich mit diesem Phänomen als „symbolischer Tausch" auseinander.

beziehung, vielleicht auch nur imaginierte Beziehung (Calhoun 1992) unter Fernfahrern konstituiert sich auf diese Weise.[24]

3.4 Gabentausch

Die klassische Variante von Überlegungen zur Reziprozität bezieht sich vornehmlich auf den Gabentausch:

Dieses Thema wurde wohl zuerst von Bronislaw Malinowski (1984 ursprünglich 1922) am Beispiel des Kula in Melanesisch-Neuguinea behandelt. Malinowski befand sich zu Feldforschungen während des ersten Weltkrieges auf einer Insel bei den eingeborenen Trobriandern. Dort lernte er das Kula kennen. Mit dem Kula werden Austauschbeziehungen zwischen einzelnen Männern unterschiedlicher Inseln bezeichnet, die mittels Kanus in Seeexpeditionen besucht werden. Ausgetauscht werden Armreifen, die aus dem Gehäuse einer bestimmten Schneckenart hergestellt werden und Muschelhalsketten. Der Tausch ist genau reguliert und jeder Eingeborene kennt die einzuhaltenden Regeln. Die wichtigste Grundregel (Malinowski 1984: 128) des Tausches besteht in einer zeremoniellen Gabe, die nach einer bestimmten Zeit mit einer äquivalenten Gegengabe zu vergelten ist. Die Zeit, die zwischen der Gabe und der Gegengabe verstreichen muss, kann zwischen einigen Minuten oder sogar einem Jahr variieren. Nicht erlaubt ist das sofortige Überreichen der Gegengaben, denn ein solches Verhalten würde mit Handel identifiziert werden. Das Kula ist aber streng vom (Tausch-)Handel zu scheiden. Obgleich Nebenhandel bei den Expeditionen zu den Nachbarinseln auftritt, steht immer das Kula im Vordergrund. Beim Kula wird auch niemals über die Äquivalenz der getauschten Gegenstände diskutiert, es wird nicht gefeilscht und es wird nicht aufgerechnet, auch kann ein Tausch nicht rückgängig gemacht werden.

---

[24] An dieser Stelle ergibt sich ein Problem: Natürlich besteht eine Beziehung zwischen Fernfahrern, auch wenn die beiden, die im Restaurant aufeinandertreffen, noch nie miteinander Kontakt hatten. Diese Beziehung mag sogar relativ vielschichtig sein: 1. Solidaritätsbeziehung hinsichtlich externer Bedingungen, was sich z.B. an Streiks gegen zu hohe Spritkosten manifestieren kann. 2. Konkurrenzbeziehung – egal ob die Fahrer selbstständig sind oder nicht, so konkurrieren sie doch um Transportaufträge. 3. Eine imaginierte Beziehung hinsichtlich geteilter professioneller Kulturen und Verhaltensweisen.

Die Gleichwertigkeit der Gegengabe hängt immer vom Gebenden ab, sie kann nicht erzwungen werden. Gleichwohl wird erwartet, dass die Gegengabe äquivalent ist. Es kann vorkommen, dass ein Mann ein besonders schönes paar Armreifen seinem Tauschpartner anbietet, dieser aber keine entsprechende Gegengabe leisten kann (Malinowski 1984: 135). In diesem Falle wird er als Zwischengabe eine kleinere Halskette geben, die nicht gleichwertig ist. Bei späteren Zusammentreffen, wenn der Partner eine adäquate Gegengabe leisten kann, wird diese dann übergeben.

Kula-Partnerschaften werden für ein ganzes Leben geschlossen. Das besondere am Kula sind aber zwei andere Eigenschaften: Es handelt sich um eine Art Ringtausch, der sich in einem Inselgebiet abspielt (siehe Abbildung 1). Die Halsketten (soulava) werden immer nur in einer Richtung von Insel zu Insel getauscht; die Armreifen (mwali) in der anderen. Die Ketten wandern also im Uhrzeigersinn, die Armreifen bewegen sich in die andere Richtung. Niemals würde eine Halskette gegen eine Halskette getauscht, sondern eine aus der einen Richtung stammende Kette wird mit einem aus der anderen Richtung stammenden Armreifen vergolten. Auf diese Weise zirkulieren die Gegenstände auf einer an einen Ring erinnernden Strecke zwischen den Inseln. Die Eingeborenen besitzen die Gegenstände jeweils nur sehr kurze Zeit; bei der nächsten Gelegenheit werden die erworbenen Gegenstände weitergegeben. Die Gegenstände kommen also nicht zum Stillstand und tauchen nach einer Zeit an den ursprünglichen Orten immer wieder auf. Eine solche Runde dauert für eine Kette oder einen Armreifen zwischen zwei und zehn Jahren. Die Gegenstände besitzen Namen und die besonders schönen Stücke sind weithin mit ihrer Geschichte den Vorbesitzern bekannt. Ist ein Mann eines Stammes im Besitz eines solch außergewöhnlichen Schmuckstückes, so ist seine ganze Familie, ja die ganze Gemeinschaft stolz auf seine Erlangung. Die Anzahl der Kula-Partnerschaften variiert mit dem Status der Männer. Häuptlinge verfügen über sehr viele Partner, während Gemeine nur wenige Partner haben. Mit einer Kula-Partnerschaft gehen eine Reihe weiterer Verpflichtungen einher, beispielsweise werden Geschenke getauscht und die Partner müssen sich gegenseitig helfen und auf verschiedene Weisen dienen (Malinowski 1984: 124).

Das besondere am Kula ist, dass

> „das, was uns wie eine ausgedehnte, komplizierte und dennoch gut geordnete Institution erscheint, in Wirklichkeit das Ergebnis zahlloser Handlungen und Aktivitäten ist, ausgeführt von Wilden, die über keinerlei festgelegte Gesetze, Zielvorstellungen oder Verträge verfügen. Sie besitzen keine Kenntnis vom *Gesamtumfang* irgendeiner ihrer sozialen Strukturen. Sie kennen ihre eigenen Motive, wissen um den Zweck individueller Handlungen und um die dafür geltenden Regeln; wie sich aber aus diesen die ganze kollektive Institution zusammensetzt, liegt außerhalb ihres geistigen Horizonts. Nicht einmal der intelligenteste Eingeborene besitzt eine klare Vorstellung davon, dass das Kula ein großes, organisiertes soziales Gebilde ist, und dessen soziologische Funktion und dessen Auswirkungen kennt er noch viel weniger. Fragte man ihn, was das Kula sei, so würde er mit der Schilderung einiger Einzelheiten, höchstwahrscheinlich mit seinen persönlichen Erfahrungen und subjektiven Ansichten antworten; nichts davon würde aber der gerade hier gegebenen Definition nahe kommen." (Malinowski 1984: 116)

Der Kula-Ring Malinowskis war für Mauss, neben anderen Beispielen, Vorbild für seine Darstellung der Tauschregeln. Unter einer Gabe muss man nicht nur, wie im klassischen Vorbild von Marcel Mauss (1990) den Austausch materieller Güter auffassen, vielmehr geht es um ein Äquivalent im Wert der ausgetauschten Dinge. Das Ausgetauschte muss in irgendeiner Weise äquivalent sein, d.h. es muss in den Augen der miteinander in einer Austauschbeziehung stehenden, in gewisser Weise aber auch für deren Umwelt einen annähernd gleichen Wert haben.

Oftmals wird behauptet, wir lebten in einer Informations- oder Wissensgesellschaft, in der eben Informationen oder Wissen eine zentrale Bedeutung zukäme. Damit ist gemeint, dass häufig auch immateriellen Gegenständen ein Wert zugebilligt wird. Vorstellen lässt sich etwa der Eintausch einer handwerklichen Hilfeleistung gegen Klatsch über Nachbarn. Möglich ist aber auch der Tausch von Geschenken gegen emotionale Zuwendung oder sexuelle Leistungen.

Damit soll gesagt werden, dass keineswegs nur materielle Güter getauscht werden müssen, auch immaterielle Leistungen können in dieser Hinsicht einen Tauschwert besitzen. Dabei sind die Kategorien von Gütern als äquivalent zu betrachten, wenn der Tausch von beiden Partnern als gerecht bezeichnet werden kann. Bei dieser Beurteilung von Austauschgerechtigkeit kommt die Umwelt ins Spiel. Auch dort werden Austauschbeziehungen, sofern sie sich beobachten lassen, beurteilt, so dass selbst private dyadische Beziehungen sich nicht einer Kontrolle zu entziehen vermögen. Als Beispiel hierfür seien Beziehungen genannt, bei denen ein Ausnutzungsverhältnis unterstellt wird.

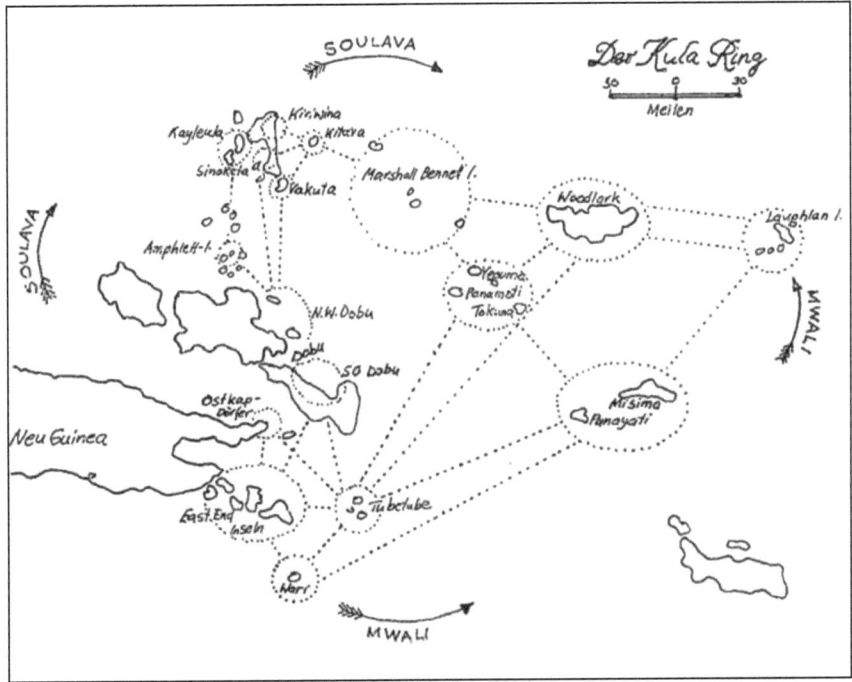

Abb. 1: Darstellung des Kula-Rings (Malinowski 1984: 114)

Die Reziprozitätsregel hängt stark mit den Regeln zum Gabentausch zusammen. Der Gabentausch, der in vielen Völkern zu beobachten ist, besitzt die folgenden sequentiellen Grundregeln, die auch als Verpflichtungen interpretiert werden können (Mauss 1990):

1. Es kommt zu einer Eröffnungsgabe.
2. Die Gabe muss angenommen werden (häufig gibt es hierfür auch Normen).
3. Es muss eine Gegengabe erfolgen.

Die Verpflichtung ist dabei ein wesentlicher Faktor, der über einem möglichen Kosten-Nutzen-Kalkül steht. Es ist also nicht die Gabe selbst, die im Mittelpunkt steht, sondern deren Funktion – die Funktion ist die Stiftung, Aufrechterhaltung und Auffrischung von Beziehungen. Wichtig ist, dass zwischen der Annahme und der Gegengabe eine gewisse Zeit verstreicht. In dieser Zeit besteht die Verpflichtung zur Gegengabe, es ist aber noch keine Reziprozitätshandlung erfolgt. Eine solche Phase kann man als Latenzphase bezeichnen. Während dieser Phase wird die Beziehung wahrscheinlich sogar besonders intensiv sein, denn die Erwartungen auf der einen Seite sind durch die Ungewissheit geprägt, ob die Gabe wirklich erwidert wird, ob es zu einem Ausgleich für die Vorleistung kommt. Auf der anderen Seite wird die Erinnerung an die Person, an die Gabe das Gedächtnis an die noch zu erbringende Leistung wach halten.

Vanberg betont (1975), dass Mauss wohl der erste sei, der Gegenseitigkeit als universelles Prinzip erkannte. Dabei ist für Vanberg das Wichtigste an Mauss Überlegungen, dass (1975: 56)

„das Prinzip der Gegenseitigkeit – d.h., der Darbietung von Leistungen mit Blick auf einen reziproken Vorteil – selbst beim *Schenken* bestimmend ist, also Leistungen, die zwar einen sozusagen freiwilligen, anscheinend selbstlosen und spontanen, aber dennoch zwanghaften und eigennützigen Charakter"

aufweisen.[25]

Malinowski (1972: 177) hat später noch stärker den seiner Ansicht nach individualistischen Charakter des Austauschprinzips in den Vordergrund gerückt, insbesondere in seinem Aufsatz „Recht und Ordnung bei den Primitiven". Dort stellt er die sozialtheoretischen Implikationen des Reziprozitätsgedankens (vergl. Vanberg 1975: 57), also die Herausbildung von sozialen Normen heraus: Malinowski fragt, wie es kommt, dass die Wilden Sitte

---

[25] Nach Mauss (1990: 172) zeige Mandeville in seiner Bienenfabel den Sieg des individuellen Interesses.

und Recht beachten und als bindend empfinden (Malinowski 1949), warum also auch harte und unerwünschte Verhaltensvorschriften befolgt werden.

Malinowski (1949: 27) erklärt dies am Beispiel des Tausches von Fisch der Küstengemeinden gegen Gemüse aus Dörfern im Landesinneren. Sollte sich einer der Beteiligten nun nachlässig hinsichtlich des Austausches geben, wird er baldigst auf die eine oder andere Art bestraft werden:

> „Jede Gemeinde besitzt daher eine Waffe zur Erzwingung ihrer Rechte: Die Reziprozität. Diese ist nicht auf den Austausch von Fischen gegen Gemüse beschränkt. In der Regel sind zwei Gemeinden noch in anderen Formen des Handels und anderen Diensten der Reziprozität aneinander gebunden. Es wird jede Kette von Reziprozität umso bindender dadurch, dass jedes Glied zum Teil und zur Parzelle eines ganzen Systems von Gegenseitigkeit wird." (a.a.O. S. 27)

Die Strafe für nicht korrektes Verhalten erfolgt also durch das Vorenthalten oder Gewähren von Leistungen im gegenseitigen Austausch. Jeweils gegenseitig wird die korrekte Erfüllung der Pflichten überwacht. Bei Vanberg (1975) wird dieser Sachverhalt individualistisch interpretiert: Zwecks Vermeidung von Strafe wird sich jedermann beim Austausch korrekt verhalten, zumal man auf spätere Austauschprozesse angewiesen sein wird.

Dennoch, während Malinowski bei seiner Beschreibung des Kula noch das mystische, die religiöse Begründung in den Vordergrund rückt, argumentiert er in seinem späteren Werk „Sitte und Verbrechen", das zuerst 1940 (auf deutsch 1949) erschien, weit stärker individualistisch und rationalistisch. So behauptet er, die ganze Struktur der Gesellschaft der Trobriander sei auf dem Prinzip des *rechtlichen Status* aufgebaut. Hiermit meint er, dass die Forderungen und Ansprüche des Häuptlings an seine Untertanen, des Gatten an sein Weib, der Eltern an die Kinder und umgekehrt, nicht willkürlich und einseitig seien, sondern nach bestimmten Regeln erhoben würden und eine wohlausbalancierte Kette reziproker Dienstleistungen darstellten.

Trotzdem zeigt er, wie beim Kula auch, dass der Großteil der Transaktionen sich nicht ökonomisch erklären lässt. Beispielsweise werden Gaben öffentlich ausgestellt. Es entsteht ein psychologischer Druck, durch den Großzügigkeit belohnt und Geiz bzw. Untüchtigkeit öffentlich sanktioniert wird (1949: 38). Malinowski betont allerdings auch den größeren Zusammenhang an Austauschleistungen, etwa sind „Erntegeschenke" periodisch zurückzuerstatten. Es ergibt sich eine lange Reihe an gegenseitigen Verpflichtungen und Verzahnungen: Die Ernteabgaben sind in einen sozialen Zusammenhang eingegliedert, in dem, wenn man die einzelne Handlung isoliert betrachtet, kein Sinn darin zu erkennen ist. Erst durch die Gesamtschau wird der soziale Zusammenhang für den Außenstehenden sinnvoll und erkennbar. M.a.W. auch hier geht es um die Einbettung in die Beziehungsstruktur. Nur wenn man diese berücksichtigt, lässt sich der einzelne Tauschakt verständlich machen.[26]

Würde Reziprozität[27] nicht mehr bedeuten als lediglich der zeitverzögerte Austausch, wäre mit der Gegengabe die Verpflichtung erfüllt, die Beziehung beendet. Das interessante und *erklärungsbedürftige* Phänomen ist aber nicht der Inhalt, die Gabe selbst, die sicher auch meistens eine gewisse Rolle spielt, das wirklich Interessante ist, dass längerfristige Beziehungen auf diese Weise gestiftet werden können. Die Beziehung endet eben nicht wie beim einfachen Warentausch, bei dem die Gegengabe sofort erfolgt, mit dem fälligen Ausgleich – im Gegenteil, möglicherweise wird diese durch den ausgleichenden, dann gegenläufigen Tauschakt sogar verstärkt. Mit dem Gabentausch sind schließlich eine Reihe von Aspekten verbunden, die vom scheinbaren Begleitphänomen (neben dem Güteraustausch) zur Hauptsache werden:

1. Vertrauensbildung – nur die Gegengabe bestätigt das in eine Beziehung gesetzte Vertrauen. Gaben werden nicht nur zwischen engen Freunden ausgetauscht, sondern auch zu bestimmten Anlässen etwa zwischen Nachbarn. Ein solcher Tausch zeigt friedliebende Absichten an, und kann als Prävention gegen eine Eskalation im Konfliktfalle gelten.

---

[26] Gegen eine individualistisch-rationale Auslegung solcher Verhaltenserwartungen spricht auch, dass sich die meisten Beteiligten nicht zuerst an Äquivalenzüberlegungen orientieren. Eine höhere Relevanz kommt wohl den gewohnten Formen des Austausches zu. Äquivalenzüberlegungen kommen erst dann ins Spiel, wenn der Austausch sehr einseitig wird.
[27] Es lassen sich einige Ausnahmen von der Reziprozitätsregel feststellen. Immer dort, wo Ungleichheit ins Spiel kommt, ist die Reziprozitätsregel gefährdet: Zwischen Statusungleichen, Eltern-Kind, Erwachsenen und Kindern, aber auch zwischen Ost- und West vor der Wiedervereinigung. In diesen Fällen wird aber mit der Aussetzung dieser Regel auch die Ungleichheit erneut betont.

2. Oft wird behauptet, dass die Vertrauensbeziehung erst langsam durch den Austausch von immer wertvolleren Gaben aufgebaut wird. Man beginnt mit kleineren Geschenken und geht schließlich zu größeren über.

3. Eine Gabe bestätigt eine Beziehung, sie kann als Beziehungsmaß gelten – man beschenkt Personen, die für einen wichtig sind.

Welche Gaben können getauscht werden?

Gouldner spricht von homeomorpher und von heteromorpher Reziprozität. Nach Gouldner (1960: 172):

„In the first case, heteromorphic reciprocity, equivalence may mean that the things exchanged may be concretely different but should be equal in value, as defined by the actors in the situation. In the second case homeomorphic reciprocity, equivalence may mean that exchanges should be concretely alike, or identical in form, either with respect to the things exchanged or to the circumstances under which they are exchanged."

In beiden Fällen ist die Gegengabe äquivalent. Im einen Fall sind sie gleicher Art, im anderen Fall aber können sie sehr unterschiedlich sein, solange sie äquivalent sind.

Die mögliche Bandbreite kann hier sehr weit sein, es mag sich sowohl um materielle Güter, Hilfeleistungen oder beispielsweise um emotionale Unterstützung handeln. Während im homeomorphen Fall der Reziprozität die Angemessenheit der Gegengabe noch halbwegs objektiv beurteilbar zu sein scheint, birgt die Forderung nach Äquivalenz im heteromorphen Fall das Problem der Bewertung in sich.

Wie bereits erwähnt, ist dabei interessant, dass nicht nur die beiden unmittelbar am Austausch beteiligten Akteure an dieser Bewertung beteiligt sind, sondern dass Bewertungen durchaus auch von scheinbar Außenstehenden vorgenommen werden, diese sich an sozialen Normen orientieren müssen.

Hiermit sind nicht in erster Linie asymmetrische Austauschprozesse gemeint, wie sie etwa in Herrschaftsbeziehungen als Ausbeutung vorliegen mögen.

Dies ist ein Spezialfall, bei dem eine Spannung entstehen kann, weil das Publikum, die nahestehenden Personen, aber auch Wildfremde den Kontext, in dem der Tausch stattfindet, nicht versteht. Ein passendes und bekanntes Beispiel findet sich im Märchen. Es handelt sich um das Märchen „Hans im Glück", welches 1818 von dem Sprachwissenschaftler Friedrich August Eduard Wernicke (1794-1819) in der Zeitschrift „Wünschelrute" veröffentlicht wurde. Dieses Märchen wurde bereits mehrfach in einem anderen als der Volkserzählung gewidmeten wissenschaftlichen Zusammenhang behandelt.[28] Der in dem Märchen geschilderte Tausch über fünf Stationen, vom Goldklumpen als Lohn für siebenjährige Tätigkeit, über ein Pferd, eine Kuh, ein Schwein, eine Gans und schließlich zu einem Schleifstein, wird in der Wissenschaft als ungleicher – oder „törichter" Tausch bezeichnet (Kreutz & Kreutz 1997), der sogar als Bild für das Entstehen von Gesellschaftsschichten und damit von sozialer Ungleichheit herzuhalten hat. Dabei, und auch dies thematisieren Kreutz & Kreutz, scheint Hans sogar aus den einzelnen Tauschvorgängen einen individuellen Vorteil herauszuziehen: Der Tausch erscheint ihm sinnvoll, denn der Goldklumpen wird ihm zu schwer, da kommt die Möglichkeit zu reiten gerade recht. Das Pferd wirft ihn aber ab. Nach den Strapazen erscheint eine Kuh mit ihrer Milch daher viel wertvoller. Allerdings zeigt sich, dass er nicht melken kann. Was soll er also mit einer Kuh anfangen, zumal er lieber Schweinefleisch und Wurst isst? Die Erwägungen, die Hans anstellt, sind offenbar alle gut begründet und können durchaus als rational gelten.[29] Allerdings beruhen, so Kreutz und Kreutz, die beiden letzten Tauschstationen (vom Schwein zur Gans und von der Gans zum Schleifstein) sehr wohl auf Täuschung. Die Nacherzählung dieser Geschichte soll zeigen, dass das Äquivalenzempfinden bei den Tauschpartnern unterschiedlich ausgeprägt sein mag. Eine Be-

---

[28] Etwa Iring Fetscher (1972), von dem es anekdotisch heißt, er habe sich die Zeit in langatmigen und langweiligen Gremiensitzungen an der Universität mit dem Schreiben, bzw. der Interpretation von Märchen vertrieben. Darüber hinaus liefert die Märchenforschung noch heute wesentliches Anschauungsmaterial für anregende methodische und wissenschaftstheoretische Diskussionen, wie nicht zuletzt das Bändchen von Hans Traxler (1963) über Hänsel und Gretel und die Behandlung des Lebkuchenrezeptes zeigt.
[29] Vor allem, wenn man unterstellt, dass Hans nach seinen Jahren als Müllersgehilfe in einer weltabgelegenen Gegend nicht über die entsprechenden Informationen verfügte, welche ihn über den wahren Tauschwert seiner Güter unterrichtet hätte. M.a.W. man könnte sagen, er handelte rational, allerdings unter der Bedingung einer „bounded rationality" (Simon 1993).

wertung durch Außenstehende, welche den Kontext des Tausches nicht kennen, sich aber an gesellschaftlich geprägten Tauschnormen orientieren, können durchaus zu einem anderen Ergebnis kommen als ein Einzelner, der seine Subjektivität in die Waagschale wirft. Dass sich auch eine größere Anzahl an Beobachtern hinsichtlich ihrer Bewertungen täuschen kann, wird an den heißen Spekulationsphasen der Börse deutlich. Von der Spekulation mit Tulpenzwiebeln bis zu der am Neuen Markt ist die Geschichte voll von in diesem Sinne törichtem Tausch. Was in solchen Fällen als gerechtes Äquivalent gilt, stellt sich oft erst heraus, wenn die Spekulationsblase geplatzt ist. Letztlich beruht der gesamte Handel auf ähnlichen Formen des ungleichen Tausches.[30]

Betrachten wir nun die anderen Merksätze von Mauss' Reziprozitätsdefinition: Auch hinsichtlich der Beziehung zwischen Punkt zwei und drei, zwischen der Annahme einer Gabe und deren Erwiderung ist eine Klarstellung nötig: Eine sofortige Erwiderung oder gar die sofortige Rückgabe der gleichen Gabe würde an der eigentlichen (oder ist es nur eine Nebenwirkung, die manchmal nicht beabsichtigt ist, ein anderes Mal vielleicht sogar konstitutiv ist) Wirkung des Reziprozitätsprinzips vorbeigehen. Um eine Beziehung zu stiften, ist zumindest zeitweise Asymmetrie herzustellen, indem zwischen Eröffnungsgabe und Gegengabe eine gewisse Zeit verstreicht. Folgte man Gouldner, dann wäre auch verständlich, warum dies so ist, denn eigentlich haben beide während dieser Zeit ein besonderes Interesse daran, die Beziehung aufrechtzuerhalten: Der eine, um die Schuld des anderen einzutreiben, der andere, um sie abzubauen. Nach Gouldner ist der Schuldenabbau wichtig, um sich zu einem späteren Zeitpunkt erneut sozial verschulden zu können. Während dieser Zeit des Wartens ist Vertrauen erforderlich, das entgegengebrachte und am Ende vielleicht auch erfüllte Vertrauen kann zumindest als beziehungsvertiefend angesehen werden. Erweist sich das in der ersten Reziprozitätssequenz entgegengebrachte Vertrauen als gerechtfertigt, kann darauf aufbauend eine noch intensivere Austauschbeziehung angestrebt werden. In manchen Fällen mag diese Überle-

---

[30] Gerade an der Börse zeigt sich, dass wirtschaftliches Handeln nicht viel mit rationalen Erwägungen zu tun hat: Das, was an einem Tag als Begründung für den Anstieg der Kurse herhalten muss, wird am nächsten Tag als Ursache für die Verbilligung der Aktien angegeben. „Herdentrieb", „Hysterie" und „Phantasie" bezeichnen die Aktionen der Beteiligten wohl weit treffender.

gung von Gouldner durchaus zutreffen, allerdings fehlt hier die Beziehungskomponente vollständig. Inwieweit eine Verschuldung möglich ist, welche Rückzahlungsmodalitäten es gibt, ja – ob erwiesene Taten oder Gaben überhaupt vergolten werden, darüber entscheidet die Beziehung zwischen den Tauschenden und die Einbettung dieser Beziehungen in die Sozialität.

3.5 Heteromorpher Tausch und Entstehung sozialer Hierarchien

Ganz allgemein kann man sagen, dass der Tausch nicht an bestimmte materielle Gaben gebunden ist, vielmehr lassen sich Äquivalente feststellen: Materielles gegen Zuwendung, Brot für Spiele usw....

Im Extremfall, lässt sich der Austausch gar als biologische Konstante bezeichnen, etwa, wenn Homans (1967: 173) von Konditionierungsversuchen mit Tauben berichtet: „Man könnte sich vorstellen, dass die Taube im Austausch mit dem Psychologen steht: Picken wird getauscht gegen Maiskörner."

Hierbei handelt es sich um einen Spezialfall des heteromorphen Tausches. Kann jemand empfangene Leistungen nicht in angemessener Weise vergelten, dann, so die in einigen Arbeiten geäußerte These, wird er sich dem Wohltäter unterordnen. Über Austausch entstehe auf diese Weise eine soziale Hierarchie. Das bekannteste Beispiel für einen heteromorphen Tausch findet sich in Peter Blaus zum Klassiker avancierten Dissertation (1955, 1976).[31] Blaus Studie wurde in einer amerikanischen Bundesbehörde durchgeführt. Die Beamten hatten Unternehmen auf Einhaltung der Gesetze zu untersuchen. Um dem Vorgesetzten die Kontrolle über die zu treffenden Entscheidungen zu ermöglichen, wurde eine Regel eingeführt, die es den Mitarbeitern nicht erlaubte, Kollegen um Rat zu fragen. Sie mussten Probleme mit dem Vorgesetzten besprechen. Andererseits führten solche Gespräche mit dem Leiter dazu, dass dieser über die Kompetenz der einzelnen Beamten unterrichtet wurde. Von der Beurteilung durch den Vorgesetzten waren aber die Karrierechancen abhängig. Daher kam es dazu, dass die Beamten viel eher ihre Kollegen um Rat fragten als den Chef, obgleich dies

---

[31] Es handelt sich aber keineswegs um die erste Studie, die soziale Anerkennung, soziale Überlegenheit als möglichen Profit von Austauschprozessen thematisiert. Dieses Thema findet sich auch schon bei Mauss (1990), insbesondere am Beispiel des Potlatch.

gegen die Vorschrift war. Bei einfachen Fragen galt das einfache Reziprozitätsprinzip der gegenseitigen Hilfe. Diejenigen Kollegen, die um Hilfe angegangen wurden, baten ihrerseits bei einem Kollegen zu einem späteren Zeitpunkt einmal um Auskunft. Hinsichtlich der Hilfe bei komplexeren Problemen jedoch zeigte sich, dass um den Rat der Kollegen in unterschiedlicher Weise nachgesucht wurde: Kompetentere Kollegen wurden häufiger konsultiert als solche, die als weniger versiert in der Ausführung ihrer Aufgaben galten. Hier konnten die Kollegen, die sich nicht so gut auskannten, denjenigen, die sie um Rat angingen, nichts anderes anbieten, als soziale Unterordnung durch die Kenntlichmachung des eigenen geringeren Wissens. Das Ansehen der kompetenteren Kollegen wuchs in dem Maße, in dem diese konsultiert wurden. Dadurch, so Blau, entwickelten sich innerhalb der Gruppe soziale Rangunterschiede.

Die Art und Weise, wie diese geschilderten Austauschprozesse zustande kamen, wird nach der aus der Ökonomie abgeleiteten Austauschtheorie beantwortet. Für denjenigen, der Fragen beantwortet, entstehen danach Kosten. Es kostet Zeit, die für andere Dinge, etwa das Erledigen der eigenen Arbeit, hätte genutzt werden können. Als Entschädigung für diese Kosten bekommt der Konsultierte Anerkennung und einen höheren sozialen Rang in der Gruppe. Auch demjenigen, der nachfragt, entstehen Kosten: Es kostet ihn Ansehen, sein sozialer Rang in der Gruppe kann dadurch sinken. Auch das ökonomische Prinzip des Grenznutzens sei anwendbar: Der Nutzen, den derjenige, der oft konsultiert wird, aus einer weiteren Konsultation ziehen kann, so Blau, sei geringer, als bei selteneren Konsultationen. Unterschiede zum ökonomischen Austausch seien darin zu suchen, dass die Erwiderung eines Ratschlages unbestimmt sei. Die Gegenleistung liege eher in einer unbestimmten Erwartung.

Ein weiteres Beispiel, in dem Status gegen eine andere Leistung getauscht wird, findet sich in Whytes Street Corner Society (Whyte 1943). Dort geht es um eine Jugendbande italienischer Einwanderer: Das Verleihen von Geld brachte dem Bandenchef auf Dauer nur Verluste ein. Das Geldverleihen kann als ein Festhalten an den Gruppennormen – Freigebigkeit und Hilfsbereitschaft interpretiert werden. Eine solche Normübererfüllung wird offenbar gegen einen hohen Gruppenstatus getauscht.

Betrachten wir noch ein Beispiel: Die Beteiligung in Mailinglisten.[32] Individualistisch in der Tradition von Blau und Whyte argumentiert: Besitzt ein Teilnehmer „gute" und ein anderer „schlechte" Informationen, wird derjenige, der die guten Infos besitzt, sich zurückhalten, denn er kann wenig mit den Mitteilungen anfangen, die er von den anderen bekommt. Selbst wenn die Inhalte gleich gut wären, ergäbe sich das Problem unterschiedlicher Brauchbarkeit der Inhalte: Sind die Infos des einen für den anderen sehr wertvoll, der andere kann aber mit denen, über die der erste verfügt, nur sehr wenig anfangen, dann ergibt sich das Problem, dass der Anreiz für denjenigen, der für sich weniger brauchbare Mitteilungen erhält, zur weiteren Beteiligung wesentlich geringer ist, als umgekehrt. Weitere Kooperation wird dadurch unwahrscheinlicher (siehe Connolly & Thorn 1990). Es sei denn, die anderen in der Liste würden ähnlich der Argumentation von Peter Blau, sich denjenigen, die über viel brauchbare und gute Informationen verfügen, unterordnen.

Allerdings muss man fragen, ob die Beobachtungen von Blau und Whyte wirklich korrekt sind. Zwar scheint es glaubhaft, dass die soziale Stellung innerhalb eines öffentlichen Raumes auch von den individuellen Äußerungen abhängig ist, gleichzeitig mit den Äußerungen jedoch entwickelt sich eine positionale Struktur, die jenseits der entstehenden Hierarchien auch Erwartungs- und Verantwortungsmuster erzeugt. D.h. diejenigen, die in eine solche Position (mit ihren typischen Rollenbeziehungen) hineinkommen, sind alles andere als frei – sie stehen unter einem Druck, bei bestimmten Fragen die entsprechenden Antworten bereitzuhalten.

Und dieses Muster lässt sich nicht mehr so eindeutig mit dem Reziprozitätsprinzip erklären, denn die Erwartungen bestehen aufgrund der eingenommenen Rolle, also aufgrund der Beziehungen zu den anderen Teilnehmern.

---

[32] In einer Mailingliste werden alle eingehenden Nachrichten an einen genau definierten Teilnehmerkreis automatisch durch ein Programm weitergeleitet. Um an einer solchen Liste teilzunehmen, ist eine Einschreibung erforderlich. Die Listen sind meist um ein Thema herum organisiert – hierzu wird zwischen den Teilnehmern diskutiert, Fragen gestellt und beantwortet, aber auch Informationen übermittelt. Für nähere Überlegungen zu Mailinglisten, siehe Stegbauer (2001).

3.6 Schenken

Gabe und Geschenk sind eng miteinander verwandt, ja sie sind abgesehen von der Kategorie des „reinen Geschenks"[33] sogar identisch. Schenken kommt in verschiedenen Formen vor, wobei der prominenteste Anlass in unserer Gesellschaft wohl durch Weihnachten gebildet wird. An Weihnachten werden Gaben ausgetauscht, gleichwohl wird gegen die Definition von Mauss in „Die Gabe" verstoßen. Dort heißt es, dass zwischen Gabe und Gegengabe eine gewisse Zeit vergehen müsse. An Weihnachten ist diese Regel außer Kraft gesetzt, dort schreibt die Form vor, dass die Geschenke direkt ausgetauscht werden.

Der direkte Austausch aber wird zumindest teilweise verkleidet. Die Geschenke liegen oft unter dem Weihnachtsbaum und werden der Geschichte nach vom „Christkind", dem „Weihnachtsmann" oder der „Weihnachtshexe" dargeboten. Für das Verhältnis von Erwachsenen zu Kindern kann man vielleicht sagen, dass hierdurch die Reziprozitätsforderung an Weihnachten ein Stück weit außer Kraft gesetzt wird. Kämen die Geschenke ganz eindeutig von den Eltern an die Kinder, könnte damit die Forderung nach einer Gegengabe verbunden sein, womit das Fest möglicherweise belastet würde. Durch die Delegation an das Christkind, sind die Kinder entlastet.

Auch waren und sind Gaben zu Weihnachten oft gar nicht freiwillig: Diese gehören zum fest vereinbarten Gehalt, etwa dem 13. Monatsgehalt, welches im Dezember (zu Weihnachten) ausgezahlt wird. Gaben an das Gesinde und Dienstboten gehörten oft zu vereinbarten Naturallohnbestandteilen (Weber-Kellermann 1968).

Ausnahmen von der Regel der Reziprozität finden sich dort, wo die beiden am Austausch direkt beteiligten Partner nicht den gleichen gesellschaftlichen Rang einnehmen, wo eine Asymmetrie in der Beziehung besteht. Dies trifft darauf zu, dass Geschenke der Eltern an Kinder oft keiner Erwiderung bedürfen und ähnliches gilt auch für das genannte Gesindebeispiel. Auch das Weihnachtsgeld (als Zuwendung) kann zu dieser Kategorie

---

[33] Inwieweit „reine" Geschenke vorkommen, kann als umstritten gelten. Durch die Erwartungs-Erwartung werden reine Geschenke zumeist in der Beziehung in „normale" Gaben transformiert, indem sich der Beschenkte jenseits der Intention des ursprünglichen Gebenden zu einer Rückzahlung verpflichtet fühlt.

gerechnet werden. Auch hierin zeigt sich, dass vor allem die strukturelle Position der Akteure und nicht eine allgemein gültige Reziprozitätsregel den Austausch reguliert.

Schmied (1996: 33ff) argumentiert, dass interindividuelle Geschenke ein riesiges Netz von Beziehungen materialisierten, welches unsere Gesellschaft durchwebt. Da Beziehungen letztlich nie vollkommen stabil seien und wir uns ihrer nie völlig sicher sein könnten, sollten die Beziehungen durch Geschenke stabil gehalten werden. Insbesondere die Tatsache, dass am häufigsten innerhalb der Familie geschenkt würde, gebe zu erkennen, dass hier ein besonderer Bedarf sei, denn im Gegensatz zu den meist Gleichaltrigen und Gleichinteressierten und selbst gewählten Freunden, müsse man hier mit Angehörigen unterschiedlicher Generationen und mit Personen unterschiedlicher Interessen klarkommen. In solch labilen Verhältnissen böten sich Geschenke als eine Art „Zement" für Beziehungen an.

Eine solche individualistische Auffassung (man schenkt, um die Beziehungen zu festigen) verkennt, dass man das Argument auch umdrehen könnte: Die häufigsten Formen des Geschenktausches ist familienbezogen, weil dies zu den Rollenerwartungen innerhalb von Familien gehört. Zudem ist dies Ausdruck dafür, dass trotz der Popularität von Individualisierungsthesen die Familie immer noch der wichtigste Bezugspunkt langfristig stabiler Beziehungen überhaupt ist: Man schenkt zu Weihnachten – dem Anlass überhaupt. Auch Geburtstage und gegenseitige Besuche bieten immer wieder Anlässe zu gegenseitigen Geschenken. Zwar schließe ich mich den Ausführungen über eine Materialisierung der Beziehungen auch am Geschenkaustausch an, aber die von Schmied implizierte Kausalität erscheint falsch. Eine Stärkung von Beziehungen und eine Vergewisserung dieser durch den Austausch von Geschenken ist nicht die Hauptursache für das Schenken: Sondern man schenkt, weil die Beziehungen dies erfordern. Man male sich aus, was passieren würde, wenn Kinder keine Weihnachtsgeschenke erhielten. Zumal die erste Frage der Erzieherinnen im Kindergarten an die Kinder nach den winterlichen Schließungszeiten lautet: „Und – was hast du zu Weihnachten gekriegt?" Eine negative Antwort müsste sowohl von den Kindern als auch von den Eltern explizit begründet werden.

3.7 Korruption und Öffentlichkeit

Die Formen des Tausches kleiden die allgemeine Reziprozitätsregel, nämlich, dass einseitig erbrachte Leistungen eines Ausgleichs bedürfen, in nachvollziehbare Verhaltensgebote. Die Reziprozitätsregel wirkt aber stärker als die sie umkleidenden Normen, die lediglich so etwas wie „Durchführungsverordnungen" darstellen, in denen festgelegt ist, welche Gaben zu welchem Anlass opportun erscheinen und wann mit einer Gegengabe zu rechnen ist.

Fundamentale Regeln bestimmen darüber hinaus die Zulässigkeit von Gaben (Neckel 1995): „Sie qualifizieren die zulässigen Tauschobjekte und zeichnen die Art und Weise normativ aus, in der ein Tausch vollzogen werden darf." Bei der Korruption bleibt zwar die allgemeine Tauschregel, welche eine Erwiderung vorsieht, in Kraft, allerdings stehen der Korruption die beiden genannten Regeln entgegen. Nicht alle Tauschobjekte sind zulässig und Korruption fällt nicht unter die „normalen" Formen des Austausches. Ein Merkmal von Korruption ist, dass derjenige, der eine Gegenleistung erbringt, oft etwas gibt, was gar nicht ihm gehört – es bestenfalls verwaltet. An die Möglichkeit einer Gegenleistung kommt der Korrumpierte lediglich aufgrund seiner Position. Auch dies kann als Hinweis darauf gedeutet werden, dass individualistische Erklärungen nicht genügen: Nicht jeder, der sich bestechen lassen würde, bekommt auch die Gelegenheit dazu.

Die Formen des Austausches legen eine Verhaltensbandbreite fest, die dann individuell ausfüllbar sind. Sie bilden damit aber auch Grenzen. Beispielsweise sind die Austauschbeziehungen, die unter dem Stichwort der Liebe betrachtet werden können, nicht käuflich. Ein generalisiertes Austauschmedium[34] wie Geld wird hier wenig anrichten. „Liebe ist nicht käuflich", wie der Volksmund behauptet. Die Form fordert, dass Liebe nur mit Liebe vergolten werden kann. Eine Bezahlung für Liebe, also käufliche Liebe wird als verwerflich angesehen und gesellschaftlich geächtet.

Die Gesellschaft reserviert bestimmte Tauschmedien für bestimmte Tauschakte; zulässig sind (Neckel 1995: 11):

---

[34] Geld gilt als generalisiertes Austauschmedium, denn man kann im Gegensatz zum Tauschhandel fast immer und überall mit Geld für fast alle wirtschaftlichen Leistungen bezahlen. Es ist in der Lage als Ersatz für fast alle Güter herzuhalten und wird selbst dort eingesetzt, wo die Sache eigentlich unbezahlbar ist, etwa als Ausgleich für irreparable gesundheitliche Beeinträchtigungen, als sog. „Schmerzensgeld" nach einem Unfall.

"Liebe gegen Liebe, Vertrauen gegen Vertrauen, Ware gegen Geld." *[Nichtzulässig hingegen:]* "Wahlen gegen Rechnung, Richtersprüche nach dem höchsten Angebot, Mitgefühl gegen Barscheck, Lebensrettung nach Bezahlung, Rechte nur für Reiche."

Eine Ächtung erfüllt eine Schutzfunktion gegenüber anderen anerkannten Beziehungsformen. Solche, als wichtig erachtete und moralisch bewehrte Werte würden durch solchen nichtzulässigen Austausch in Frage gestellt. Dies betreffe beispielsweise das Prinzip der freien Wahl, die Gerechtigkeit, das Mitleid und die Unversehrtheit des Lebens und die Gleichheit. Die Institution der Austauschbeziehung „Liebe" ist durch die Prostitution bedroht, weil Liebe als Akt der Gegenseitigkeit durch die Einbeziehung in die ökonomische Sphäre als etwas, was auf gegenseitigen Gefühlen beruht, gefährdet würde (vergl. Neckel 1995). Die Stabilität von Beziehungen würde zu einer Frage des Geldes und nicht der Zuneigung. Auch andere Beziehungsformen, die als mehr oder weniger wichtig betrachtet werden, können in Frage gestellt werden: Überall, wo Beziehungen in den Bereich des Ökonomischen integriert werden, wandelt sich ihr Charakter. Ein weiteres Beispiel hierfür ist die Ökonomisierung der Arbeitskraft, die mit der Durchsetzung des Kapitalismus einherging und alte patriarchale Verhältnisse, die zahlreiche weitere Bindungen als die reine Zahlung hervorbrachte, durch eine „kalte" Lohnzahlung ablöste (Marx & Engels 1973).

Ähnlich wie die käufliche Liebe geächtet ist, ist es auch die Korruption. Daher ist Korruption, dort wo sie nicht zu den gesellschaftlich akzeptierten Umgangsweisen gehört, für beide Seiten prekär. Es gibt keine Form, in der sich der Vollzug abspielen könnte. Wenn einer der Beteiligten zur Korruption bereit ist, wird der andere dieses Ansinnen mit großer Wahrscheinlichkeit ablehnen müssen, da Korruption unmoralisch ist und beispielsweise mit dem Ehrbegriff in Konflikt geraten kann. Selbst wenn beide Seiten dazu bereit wären, wäre der einfache Tausch, eine Bevorzugung (Genehmigung, Auftragsvergabe, Ermäßigung etc.) gegen Geld prekär, weil keiner der beiden Beteiligten über die Absichten des anderen genau Bescheid weiß. Neben dem moralischen Risiko, welches die gesellschaftliche Stellung des Einzelnen beeinflusst, aber auch die der Partei, der Familie, des Ortes etc., ist zudem das Strafrisiko in solchen Situationen präsent.

Dies ist der Grund dafür, dass Korruption in den seltensten Fällen offen gehandhabt wird. Sie kommt allzu oft maskiert daher, kaschiert durch „moralische" Tauschformen. Sie ist getarnt durch Gegenseitigkeitsbeziehungen, die durch persönliche Freundschaften und durch Vertrauen gekennzeichnet sind. Da es mit erheblichen Risiken verbunden ist, jemanden zu korrumpieren, wird nicht der direkte Weg gewählt. Es handelt sich um Freundschaften, die zu gemeinsamen Urlaubsreisen, Ausflügen, Einladungen, Geschenken führen. Solche Angebote sind kaum abzulehnen, wie wir von Marcel Mauss wissen. Eine Ablehnung würde den Geber vor den Kopf stoßen, würde ihn brüskieren und die ganze „ehrlich gemeinte" Freundschaft in Frage stellen. Selbst wenn es zu keiner nachweisbaren Gegenleistung auf politischem Gebiete kommt, ist doch zumindest gegenseitige Aufmerksamkeit für Probleme und Wünsche durch eine solche „Freundschaft" gegeben.

Der ehemalige Bundeskanzler Kohl etwa sprach von unabweisbaren Spenden. Und in der Tat kann eine Verweigerung der Annahme ein Affront sein. Ein solcher Affront ist prekär für die Beziehung. Allerdings verpflichtet die Annahme der Gabe den Empfänger zu einer Gegengabe. Das Empfangen einer Gabe ohne Gegengabe setzt aber die Beziehungen aufs Spiel. D.h. die Gabe bringt den Beschenkten insbesondere im politischen Bereich in eine dilemmatische Situation.

Die Verhältnisse in der Politik, insbesondere hinsichtlich der Parteien, sind stark asymmetrisch. Die Parteien brauchen immer Geld. Das Geld ist notwendig, um ihre Funktionstüchtigkeit beizubehalten und den Apparat am Laufen zu halten. Geld hingegen ist auf der Seite der Geber, vor allem aus Industrie, Handel und Dienstleistung zur Genüge vorhanden. Die Spender wissen wohl, dass die Empfangenden ein Stück ihrer Autonomie mit der Annahme der Gabe preisgeben, dass sie sich in irgendeiner Weise revanchieren müssen.

Was kann aber eine Gegengabe sein? Eine Gegengabe, so die (von der Vermittlung durch die sozialen Beziehungen entkleidete) Norm, muss von ihrem Wert her gesehen, ein Äquivalent zur ursprünglichen Leistung darstellen.

Als aus heutiger Sicht unmoralisch[35] wird beispielsweise die Praxis, im 3. Reich an hohe Wehrmachtsoffiziere wertvolle Geschenke zu machen, angesehen. Zu den als völlig unangemessen erachteten Gaben gehörten etwa große Landgüter (sogenannte Dotationen) in den zu Beginn des 2. Weltkrieges besetzten Gebieten östlich der damaligen deutschen Grenzen (Überschär & Vogel 1999).[36] Die zitierten Autoren sind der Ansicht, dass über den materiellen Dank für besondere Taten, Herrscher und Gefolgsleute enger aneinander gebunden werden sollten.

Selbst wenn im politischen Bereich nicht klar eine Gegenleistung in Form eines folgenden Gesetzes, einer Verordnung, der Genehmigung eines Waffengeschäftes erkennbar ist, so bleibt eine Gabe dennoch auf den Politiker nicht ohne Wirkung. Beispielsweise öffnet es die Ohren. Welcher Bürger findet schon regelmäßig Gehör bei Ministern. Abgesehen von Wahlkampfauftritten, mit obligatorischem Bad der Politiker in der Menge, hat der normale Bürger keinen Zugang zu Spitzenpolitikern. Die Spender aus der Industrie aber haben diesen Zugang: Sie erkaufen ihn sich.

Angenommen, es stimmt, dass der ehemalige Bundeskanzler Helmut Kohl nicht direkte Entscheidungen an die Zuwendung von Spendern knüpfte, so ist doch der Einfluss, den Spender durch ihre Gabe auf den Kanzler ausübten, keineswegs zu leugnen. Mit anderen Worten, selbst wenn nicht direkte Entscheidungen käuflich wären, so ist es doch der längerfristige Einfluss, der mit Spenden erkauft werden kann. Es ist die einseitige

---

[35] Als unmoralisch gelten aber auch offensichtlich zu hohe Zahlungen an scheidende Industriemanager, etwa die Zahlung an den ehemaligen Mannesmann-Chef Esser, nachdem sein Arbeitgeber von Vodaphone übernommen wurde. Auch die Zahlung von 200 Millionen Euro an den Vorstandschef der schwedischen ABB gehört in diese Kategorie. Solche Summen stimmen die Beobachter skeptisch – es ist zu fragen, mit welchen Leistungen ein Einzelner solches Einkommen verdienen kann.

[36] Überschär & Vogel (1999: 14): „Kleine Geschenke erhalten die Freundschaft, sagt ein Sprichwort. Und große? Führen sie zu Abhängigkeit, Bindung, Verpflichtung oder gar zu Korruption? Nach den Regeln und Ritualen des Schenkens an mittelalterlichen Höfen beruhte die Gabe im besonderen Maße auf Reziprozität. Im Unterschied zum ökonomischen Austausch von Waren war die vom Geber erwartete Gegenleistung nicht unbedingt gleichfalls ein Geschenk, sie konnte auch aus Ehre, Anerkennung, persönlicher Bindung und Verpflichtung bestehen. Aus dem höfischen System des Schenkens entwickelten sich später Dimensionen, die im 18. und 19. Jahrhundert auch die Form von Verschwendung und Korruption annahmen."

Wahrnehmung – der Spender dringt auf jeden Fall durch – „Nichtspendern" hingegen wird weniger oder gar keine Aufmerksamkeit zuteil.

Das Dilemma geht aber noch weiter: Wird bekannt, wer der Gebende ist, werden die Handlungsmöglichkeiten des Politikers dadurch eingeschränkt – er kann seine eindeutigen Präferenzen in Richtung des Schenkenden nicht mehr zu erkennen geben. D.h. öffentlich bekannt gewordene Zuwendungen schränken die Handlungsmöglichkeiten erheblich ein. Als einzige Lösung erscheint dann die verdeckte Spende, die nur dem Empfänger bekannt ist und auf einem geheimen Konto landet.

Da Reziprozität eine allgemeine, allen bekannte Handlungsanleitung ist, ist eine Gabe ohne Gegenleistung fast unvorstellbar, zumal dann, wenn die Namen der Gebenden geheim bleiben. Aber selbst bei Bekanntgeben der geheimen Spender, bliebe das Misstrauen bestehen: Welchen Zweck hatten die Spenden? Sind die genannten Spender die wirklichen Drahtzieher? Gibt es nicht trotzdem einen Nutzen, den die Geber daraus ziehen können?

Da fast alle autonomen Handlungen, ja sich viele Beziehungen an diesem Prinzip orientieren, bleiben alle Erklärungen unglaubwürdig, zumal die Gaben bereits vertuscht wurden.

Mehr noch, Korruption liegt aufgrund der Reziprozitätsregel nahe; Korruption erfüllt nachgerade diese universelle Norm: Die Vergabe von öffentlichen Aufträgen etwa sollte von nachvollziehbaren Regeln, etwa öffentliche Ausschreibung und der Entscheidung unter den kostengünstigsten Angeboten abhängen. Eine solche Entscheidungsfindung ist aber nur die eine Seite der Akteure, auf der anderen Seite nutznießen Personen oder ein Unternehmen von dem Beschluss, während andere leer ausgehen. Für die jeweiligen Profiteure erbringen diejenigen, die öffentliche Aufträge vergeben, eine Leistung, die unter Umständen ziemlich beträchtlich sein mag. Einer solchen Leistung hat nach den Reziprozitätsmaßstäben eine Gegenleistung zu folgen – gut möglich, dass der mit dem Auftrag bedachte, sich hieran in seinem Handeln orientiert. Diejenigen, die Entscheidungen treffen, sehen sich aufgrund dieser Norm Vergütungen ausgesetzt.

Allerdings wirkt die Dankbarkeit auch nicht ewig. Zwar kann sich ein Wohltäter auf seine Leistungen berufen, oft tut er dies auch vor anderen. Mit der Zeit jedoch wird sich die Bindung abschwächen, sofern sie nicht gelegentlich erneuert wird.

Korruption ist aber, wie andere Formen des Austausches ebenfalls, keine Angelegenheit, die sich lediglich zwischen zwei Partnern abspielt. Von den rechtlichen Rahmenbedingungen war bereits die Rede. Hinter den Korrumpierenden und auch hinter den Korrumpierten stehen oftmals weit größere Organisationen, Interessensverbände, Unternehmen oder Parteien. Auch scheint es kein Zufall, dass es sich zumeist nicht um Einzelfälle handelt, wenn Korruption in Behörden aufgedeckt wird. Dies weist darauf hin, dass es offensichtlich neben den Positionen der direkt Beteiligten und auch jenseits individueller Kalküle, eines bestimmten „Klimas" bedarf, damit Korruption gedeihen kann – für ein solches Klima kann aber nicht ohne weiteres der Einzelne verantwortlich gemacht werden.

Dieses Klima erwächst vor allem unter dem Etikett des „Filzes". Filz meint die untrennbare Verwobenheit von privaten, politischen und wirtschaftlichen Interessen. Der Filz wurde am Beispiel des „Kölner Klüngels" von Erwin und Ute Scheuch beschrieben. Gerade auf kommunaler Ebene findet man zahlreiche Beziehungen, die auf Gegenseitigkeit beruhen. Darüber, dass der Einzelne kaum in der Lage ist autonom zu handeln, geben Scheuch und Scheuch (1992: 78) ebenfalls Auskunft.

„Aber auch in Köln ist der Filz viel mehr als Begünstigung bei Posten. Von jedem, der nach oben kommen will, wird erwartet, dass er Dankesschulden für Vorteile beim Klüngeln macht. Erst mit bezeichnenderweise so genannten >Leichen im Keller< als Pfand wird ein Neuer vertrauenswürdig für das Establishment."

Manchmal allerdings ergeben sich Gerechtigkeiten höherer Rationalität, die intern durchaus nachvollziehbar erscheinen, für den Außenstehenden jedoch recht absurd klingen. Um Interessenskonflikte zu vermeiden, wie von Scheuch & Scheuch (1992) geschildert, dürfen Rechtsanwälte, die dem Rat der Stadt Köln angehören, ihre Klienten nicht gegen die Stadt vertreten. Als Ausgleich bekommen sie Mandate der Stadt, d.h. sie vertreten die Stadt. Dies wiederum lässt die Versicherungsvertreter unter den Räten mit Hinweis auf Gerechtigkeit einfordern, dass die Stadt sich durch sie versichern lasse.

3.8 Katalysatorischer Tausch

Während bei der Korruption zwischen den Beteiligten durchaus (zumindest zu Beginn) ein Interesse an den Tauschobjekten besteht, dient der katalysatorische Tausch lediglich der Beziehungspflege oder dem -aufbau. Was getauscht wird, ist selbst ohne Bedeutung. Beispiele für diese Form des Tausches kann man oft in Kneipen beobachten – z.b. wenn man in England in einer Gruppe einen Pub besucht. Zumeist wird jeder der Gruppenteilnehmer eine Runde ausgeben. Ist die Gruppe groß, werden oft nur kleine Biere bestellt, damit der Einzelne keine allzu hohe Rechnung zu begleichen hat. Was aber fast noch wichtiger zu sein scheint, ist, dass bei begrenzter Möglichkeit der Flüssigkeitsaufnahme dennoch viele der Teilnehmer die Gelegenheit bekommen, ebenfalls etwas auszugeben.

In Italien findet sich der Brauch, dass innerhalb einer Clique derjenige, der die Rechnung für alle zahlt, wechselt – getrennte Rechnung wie in Deutschland verbreitet, findet man dort nur äußerst selten. Aus Frankreich wurde das Beispiel von Claude Lévi-Strauss (1983), der das Ritual des Weintausches in einer Fernfahrergaststätte beobachtete, bereits geschildert.

In einem Sammelband publiziert Henrik Kreutz (1997) eine Geschichte von Ferenc Molnár, aus dem Jahr 1917. In dem Text geht es darum, was man in Budapest während der Kriegszeit, in der es den Leuten schlecht geht, zu Weihnachten schenkt. In der Geschichte denkt sich ein Ehepaar einen Plan aus, in dem bei einigen zu Beschenkenden erfüllbare „Wünsche" geweckt werden. Nach dem Plan reichen einige wenige Geschenke aus, um, mit etwas Sequentialität, viel mehr Leute zu beschenken, als überhaupt Gaben vorhanden sind. Die Präsente wandern nach dem ausgeklügelten Plan von einer Person zur nächsten – einige davon kommen am Ende sogar wieder an ihrem Ursprung an.[37]

In allen drei Geschichten wird gezeigt, dass das, was als Essenz der rationalen Tauschtheorie angesehen werden kann, in keinster Weise von Be-

---

[37] Kreutz behandelt die Schilderung als Hinweis auf die „wertrationale" Grundlage des Marktes. Er betont dabei, dass, um marktmäßigen, rationalen Tausch zu ermöglichen, zunächst über Reziprozitätssysteme eine soziale Integration der Akteure hergestellt werden müsse. Der Markt mit seinem rationalen Austausch schaffe jedoch die soziale Integration mit ihren im Verhältnis zur Marktrationalität irrationalen Austauschformen ab: Damit beraube er sich selbst seiner Basis.

deutung ist: Man tauscht keineswegs, weil man etwas zu bieten hat, was dem anderen fehlt – und man gleichzeitig etwas benötigt, was der andere los werden will.

Das Zahlen der Runde, der Rechnung im Ristorante, der Weintausch und auch die Sequentialität der Weihnachtsgeschenke, bei keinem der Vorgänge spielt der eigentliche Tausch eine Hauptrolle. Es handelt sich einerseits um soziale Verpflichtungen, deren Erfüllung (jeder muss einmal zahlen) einer gewissen Aufmerksamkeit unterliegt; andererseits, und das ist viel wichtiger, erscheinen die wechselseitigen Handlungen als Katalysator für etwas ganz anderes und das sind Bindungen.

Ob es sich um längerfristige Bindungen, wie im Beispiel aus Budapest, um mittelfristig bestehende Beziehungen wie bei den Cliquen oder um temporär nur für eine Mittagspause konstituierte Bindungen handelt, ist nachrangig – immer finden wir dieselbe Form des katalysatorischen Tausches, bei dem der Tausch als Reminiszenz an die Bindung angesehen werden kann.

Was ist mit Reminiszenz an die Bindung genau gemeint? Dadurch, dass man sich an die soziale Regel des Austausches hält, zeigt man den anderen an, dass man gewillt ist, sich auch an andere soziale Regeln zu halten. Ein solches Verhalten schafft Vertrauen, Vertrauen in die Bindung, darin, dass auch in anderer Beziehung auf einen Verlass ist. Die Bindungen gehen aber noch weit über die eben beschriebene Beziehung des Einzelnen zur Gruppe (oder zu einem anderen Einzelnen) hinaus: Durch die Unterwerfung unter das Ritual wird gleichzeitig die Gruppe bestätigt und gefestigt. Es entstehen Erwartungen für zukünftige Zusammentreffen und die Geschichte der gemeinsamen Teilnehmer wird um ein Ereignis, auf das man sich später wieder Rückbeziehen kann, fortgeschrieben.

All diese Funktionen der Handlung werden den wenigsten derjenigen, die sich so verhalten, bewusst sein. Derjenige, der handelt, tut dies scheinbar aus individuellen Motiven, sein Handeln wird einerseits durch soziale Regeln bestimmt und bringt andererseits gleichzeitig Sozialität hinter seinem Rücken hervor.

3.9 Reziprozität und Beziehungsstiftung

Was aber, wenn Gaben selbstlos gegeben werden, wenn der Schenkende gar keine Erwiderung erwartet? Wie verhält sich eine solche Idee zu dem Reziprozitätsprinzip?

Bei einer ganz einfachen und ersten Betrachtung wird man zu dem Ergebnis kommen, dass, sofern man einem individualistischen Austauschbegriff wie beispielsweise Homans folgt, der Gebende so etwas wie innere Befriedigung, die Freude an der Freude des Beschenkten empfindet. Insofern scheint es einige Fälle zu geben, in denen gar keine Gegengabe erwartet wird, bzw. die Gegengabe schon allein in der Freude des Beschenkten ein Äquivalent hätte. Eine solches Ansicht hat sicherlich auch einiges für sich: Beispielsweise lässt sich solches beobachten, wenn asymmetrische Tauschverhältnisse vorliegen, etwa wenn Enkel von ihren Großeltern oder Kinder von ihren Eltern beschenkt werden. Ein solche selbstloses Verhalten ist natürlich auf der Analyseebene schwer nachzuvollziehen, zumal ja nicht das Geschenk oder ein Tauschäquivalent im Vordergrund steht, sondern die Beziehungsebene wohl am relevantesten ist. Dies meint, dass die Tradition dies so vorsieht, einfach eine Freude bereitet werden soll oder die Eltern oder Großeltern ihre Kinder bzw. Enkel an sich binden wollen. Ihr Ziel ist es, gemocht zu werden usw.

Aber angenommen, altruistische Schenker wären tatsächlich unterwegs und würden andere Menschen „einfach so" beglücken. Mit anderen Worten: Die Motivation des Gebenden soll an dieser Stelle überhaupt nicht betrachtet werden. Was wäre die Folge? Nun – die Beglückten würden erwarten, dass der Schenkende eine Gegengabe erwartet (und dies völlig unabhängig von den eigentlichen Intentionen des Gebenden und seinen Bekundungen). Eine Gabe ohne Erwartung erscheint in diesem Kontext unglaubhaft, womöglich wird diese sogar zurückgewiesen, damit keine Verpflichtung oder Bindung daraus erwächst. Neben der Akteursebene ist also eine zweite, eine Ebene des Gegenübers zu unterscheiden.

An dieser Stelle wird wieder die Abhängigkeit des Austausches von der Beziehungskonstellation deutlich: Besteht nicht bereits eine Bindung, würde diese durch die Annahme der Gabe angebahnt. Die Form der bestehenden Beziehung und die Möglichkeit bzw. Unmöglichkeit (vor dem Hintergrund der bereits bestehenden Bindungen) entscheiden darüber, ob die Gabe angenommen werden kann. Beispielsweise kann ein Geschenk als das Werben um einen Partner verstanden werden, auch ohne dass der Gebende dies beabsichtigte. Sofern die Umworbene bereits anderweitig gebunden ist, kann möglicherweise die Gabe nicht angenommen werden, denn die Position als Partnerin eines anderen verbietet das Eingehen auf den „Versuch" die Distanz in der Beziehung zu verändern. Das Geschenk des Arbeitskollegen beispielsweise wäre in einem solchen Falle zurückzuweisen. Mit der Annahme und der möglichen Intensivierung der Beziehungen zum Kollegen stünde die bereits bestehende Beziehung auf dem Spiel. D.h., ohne dass unbedingt eine Intention mit der Gabe verbunden ist, wird die Entscheidung über die Annahme von der zu Beglückenden vor dem Hintergrund ihrer Rolle als Beziehungspartnerin zu treffen sein. Es zeigt sich, dass bestimmte Beziehungen einander ausschließen. Hier ist es nicht das Geschenk selbst, sondern die soziale Integration mit ihren Beziehungsnormen, die in dieser Situation von Bedeutung sind.

4 Generalisierte Reziprozität

Peter Ekeh (1974) beschreibt in seinem Buch „Social Exchange Theory" die Kontroverse zwischen der Austauschtheorie von Lévi-Strauss und George Caspar Homans. Lévi-Strauss' große Innovation in seinem Buch „Die elementaren Strukturen der Verwandtschaft" sei die Einführung eines Begriffs des generalisierten Austausches, bei dem die Tauschbeziehungen durch andere in Form von indirekter Reziprozität vermittelt werden. Homans dagegen beschränkt in der Tradition des britischen Individualismus seine Definition von Austauschbeziehungen auf die unmittelbar am Tausch beteiligten Individuen.

Bei der generalisierten Reziprozität handelt es sich nicht um die Reziprozität wie sie im letzten Kapitel beschrieben wurde, denn hierbei lassen sich die Gaben, bzw. Handlungen nicht direkt verrechnen oder durch zeitlich nahe beieinander liegende Tauschakte in Verbindung bringen.

Generalisierte Reziprozität lässt sich zunächst in zwei Grundmuster aufteilen: eine Generalisierung über einen längeren Zeitraum und über eine bestimmte Gruppe, der man sich zugehörig fühlt.

4.1 Generalisiert über einen längeren Zeitraum

Wenn Leistungen erbracht werden, die sich nicht mehr direkt zu einer vorgängigen Leistung zuordnen lassen, spricht man von generalisierter Reziprozität. Mit solchen Generalisierungen über die Zeit hinweg sind oft Beziehungen zwischen den Generationen gemeint. (In der Literatur beispielsweise als Intergenerationen-Reziprozität gefasst).

Thurnwald (1957), der als Ethnologe die verschiedensten Kulturen kennen lernte, beschäftigt sich mit der Gegenseitigkeit in der Beziehung zwischen Eltern und Kindern. Zunächst stellt er fest, dass die Geschlechterbeziehungen in einer Paarbeziehung immer auf Gegenseitigkeit beruhen.

Sexualität als Anreiz ist ihm nur vordergründig eine Ursache für das Zusammenleben von Mann und Frau. Er argumentiert in den Anschauungen seiner Zeit (1936 zuerst veröffentlicht), dass die Ergänzung durch Spezialisierung das Zusammenleben der Geschlechter auf eine dauerhafte Grundlage stellt.

Wenn nur diese Gegenseitigkeit das Zusammenleben des Paares veranlasst, wie ist es dann mit den Kindern, die zunächst kaum Leistungen zu erbringen vermögen. Sind es hier nicht einseitige Leistungen der Eltern, die im Vordergrund stehen? Thurnwald (1957: 86) geht von einer Aufschiebung der Gegenleistung aus. Auch bei den Naturvölkern fehle nicht die spätere Berufung der Eltern auf die Fürsorge, die sie ihren Kindern haben angedeihen lassen, wenn sie einmal alt und gebrechlich sind, und selbst Pflege und Unterstützung benötigen. Auch die Kinder, so Thurnwald, fügten sich in der Regel selbstverständlich in diese Aufgabe.

Thurnwald selbst bezeichnet diese Beziehung noch nicht als generalisierte Reziprozität, dies tun später beispielsweise Hollstein und Bria (1998) in einer Untersuchung über die Motive von Kindern ihre Eltern im Alter oder im Falle der Pflegebedürftigkeit zu betreuen. Die Leistungen der Eltern werden von den Kindern offensichtlich anerkannt und in eine „Vergütung" durch Fürsorge im Alter umgemünzt.

Bei der über einen längeren Zeitraum hinweg generalisierten Reziprozität verlieren die einzelnen Gaben an Bedeutung; eine genaue Aufrechnung findet nicht statt, ja, kann insbesondere bei der Intergenerationen-Reziprozität auch gar nicht stattfinden, denn bis es zu einem Ausgleich der Vorleistungen kommt, sind viele Jahre vergangen. Die Akteure beider Seiten werden sich kaum noch an die Einzelheiten erinnern. Die Beziehung rückt dagegen in den Vordergrund. Was sowohl Thurnwald als auch Hollstein und Bria bei ihrer Interpretation der intergenerationell generalisierten Reziprozität vernachlässigen, wofür hingegen Gouldners heteromorphische Reziprozität offen ist, ist die Frage nach dem Ausgleich auch während der Kindheitsphase für die Eltern. Lediglich in den rationalistischen Interpretationen des Kinderwunsches, in Gesellschaften ohne staatliche Sozialversicherungssysteme gelten Kinder als „Alterssicherung". Gewinne lassen sich für die Eltern vor allem aus zwei Ressourcen generieren: Erstens allgemeine Statusgewinne, die Eltern als Anerkennung von ihrer Umwelt erhalten (externer Statusgewinn). Zweitens erhalten Eltern Anerkennung durch ihre

Kinder. Diese Anerkennung besteht einesteils durch die Bewunderung, die den Eltern zumindest in der ersten Lebensdekade von den Kindern entgegengebracht wird und durch emotionale Aspekte. Andernteils ergeben sich strukturelle Statusgewinne allein durch die Umformung des Sozialgebildes „Familie". Ähnlich wie die westdeutsche Gesellschaft seit den 60er Jahren durch Gastarbeiter unterschichtet wurde, die zunächst einen niedrigeren Status als das Gros der Bevölkerung einnahmen und bei der damals bestehenden Beschäftigungsexpansion die Einheimischen in die Lage zu gesellschaftlichem Aufstieg versetzte, wird auch die Familie durch die Kinder unterschichtet. Zwar dienen die Eltern in vielfacher Weise den Kindern, dennoch verfügen die Kinder über einen niedrigeren Status als ihre Eltern. Die Eltern sind erziehungsberechtigt, und dürfen (in relativ weiten Grenzen) über ihre Kinder bestimmen. Dies ist eine Gewalt, die in legaler Weise in keiner anderen Beziehung innerhalb unserer Gesellschaft vorzufinden ist. Waren die Beziehungspartner in der Familie zuvor weitestgehend gleichberechtigt, erheben sie sich nun über ihre Sprösslinge, allein gerechtfertigt durch ihre Position als Eltern.[38]

Sicher können noch weitere Aspekte gefunden werden, die hier genannten reichen aber bereits aus, um zu zeigen, dass die Konstruktion der Fürsorge als Aspekt generalisierter Reziprozität als Konstruktion zwischen Eltern und Kindern fragwürdig scheint. Eine Berücksichtigung des Kontextes führt möglicherweise weiter: Die andauernde Gegenseitigkeit während der Erziehungszeit, und auch noch später führt zu einer so starken Bindung, dass sich die Einzelnen kaum der Forderung der Eltern zu entziehen vermögen. Zudem stellt die Umwelt, Verwandte, die Freunde und Bekannten, die Angehörigen der übernächsten Generation, Anforderungen, die sich in Normen mit zugehörigen relational definierten Rollenbildern niederschlagen. Die Erwartungen gründen sich also keineswegs allein auf Gegenseitigkeit: Die im Beziehungssystem der Familien jeweils eingenommene Position ist mit Erwartungen verbunden, die wesentlich stärker abgesichert sind, als in der isolierten Betrachtung der Beziehungen zwischen Eltern und Kindern zum Vorschein kommt.

---

[38] Die Überordnung der Eltern über ihre Kinder geschieht keineswegs freiwillig – formell sind sie für ihre Kinder mitverantwortlich und haften auch für diese. Informell werden missliebige Verhaltensweisen der Kinder von der Umwelt auf die Eltern zurückgeführt.

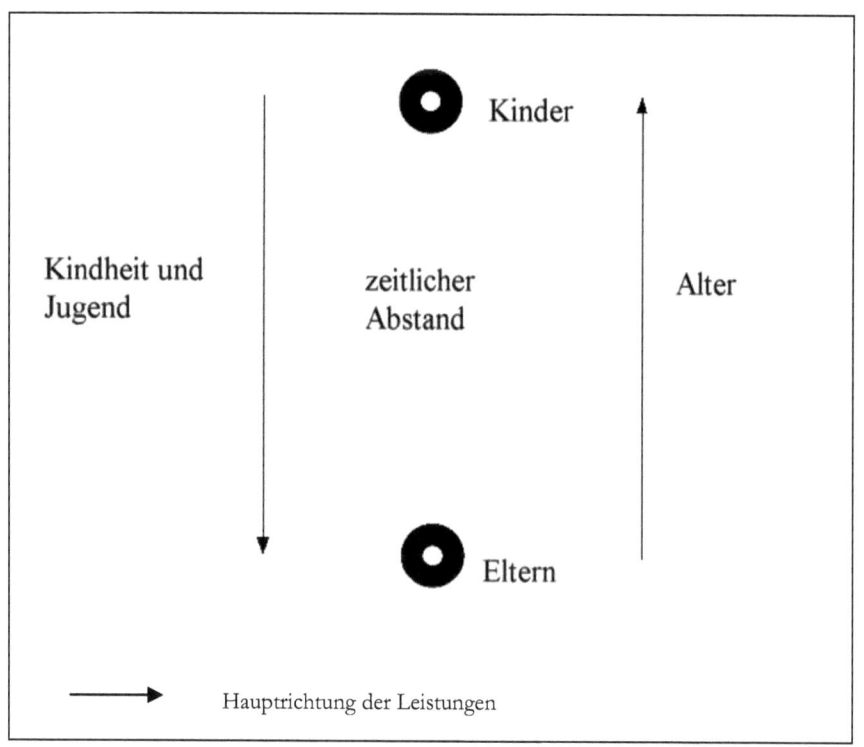

Abb. 2: Generalisierte Reziprozität nach Thurnwald und Hollstein/Bria

Letztere Verhaltensweisen kann man im Anschluss an Georg Simmel als Form begreifen. Weit darüber hinaus greift aber eine weitere formale Begründung von Reziprozität: Neben den genannten inhaltlichen und normativen Ursachen, eine intergenerationelle Familienbeziehung auf Gegenseitigkeit aufzubauen, könnte man die Fürsorge für die eigenen Kinder als eine Form generalisierter Reziprozität begreifen. Die selbst erhaltenen Leistungen werden nicht an die Eltern zurückgegeben, sondern an die eigenen Kinder weitergegeben. Ein solches, durch soziale Formen reguliertes Verhalten, würde eine weitere soziologische Erklärung neben die psychologisch-individualistische Erklärung stellen, etwa die gegenseitige Befriedigung emotionaler Bedürfnisse. Die Reziprozitätsbeziehung ergäbe eine Kette, welche einerseits die Geschichte der Eltern reflektiert und andererseits die Beziehungsform der Weitergabe einbezöge.

Diese generationenübergreifende Verkettung von Leistungen greift weit über die Ideen von Thurnwald und Hollstein & Bria hinaus: Während im ersten Modell nur in einer geschlossenen Reihung quasi rekursiv argumentiert wurde, „Wer gibt, bekommt zurückgegeben", enthält das zweite Modell der Kette eine Offenheit für die Weitergabe, die Tradierung von Formen.

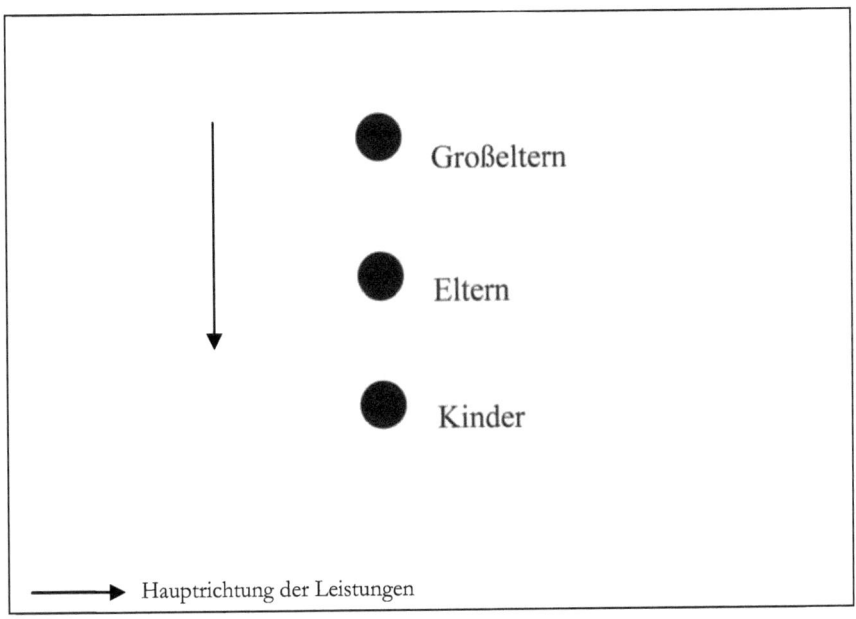

Abb. 3: Generationenkette – Die Weitergabe von Leistungen auf die jeweils nächste Generation

Für eine solche Verkettung der Leistungen spricht die empirische Forschungslage, denn mit direkter oder dem, was gemeinhin unter generalisierter Reziprozität verstanden wird, haben die empirischen Forschungsergebnisse nichts zu tun. Kinder und Enkel bekommen Gaben in weit vielfältiger und weiter reichender Form als diese es je vergelten könnten. Selbst Erwachsene bekommen von ihren Eltern häufig Geldgaben, sogar dann, wenn diese über ein höheres Einkommen verfügen als ihre Eltern.[39] Eine ganze Reihe von Untersuchungen zeigen, dass die ältere Generation ihre Kinder und Enkel weit stärker unterstützt, als diese jemals an Gegenleistung von den Kindern und Enkeln erwarten können (Kohli 1999; Vaskovics 1993; Motel & Spieß 1995; Leisering & Motel 1997). Dabei handelt es sich um Summen in Höhe von mehreren tausend Euro, und – je weniger junge Menschen es durch den starken Geburtenrückgang seit Mitte der 60er Jahre gibt, um so mehr steigen die Transferleistungen der Älteren an die Jüngeren an. Aber Unterstützungsleistungen beschränken sich nicht allein auf monetäre Transfers. Viele Großeltern leisten Beiträge in Form von Kinderbetreuung, sei es gelegentlich während der Ferien oder sogar regelmäßig.[40]

Tabelle 1: Zustimmung zu der Aussage....	Anteil %
Wenn meine Angehörigen Hilfe brauchen, werde ich immer einspringen.	92
Was meine Eltern mir gegeben haben, das möchte ich an die folgende Generation weitergeben.[2]	84
Ich finde, dass ich einfach die Pflicht habe, meinen Angehörigen zu helfen.	82
Meine Eltern haben soviel für mich getan, dass ich ihnen auch etwas zurückgeben möchte.[2]	79
Wenn ich meinen Angehörigen helfe, kann ich von	70

---

[39] Man kann davon sprechen, dass der Generationenvertrag, d.h. die Unterstützung der Älteren durch die jeweilig, sich im Erwerbsprozess befindliche Generation in Form von Rentenversicherungsbeiträgen, die nicht angespart, sondern sofort ausgezahlt werden, zur postulierten Richtung der Transferzahlungen im Widerspruch steht. Ein wesentlicher Unterschied zwischen beiden Formen der Unterstützung ist jedoch evident: Die Rentenversicherung ist eine Zwangsveranstaltung, auf die der Einzelne nur geringen Einfluss besitzt und die wahrscheinlich kaum persönlich zugerechnet wird. Demgegenüber werden die Leistungsströme der älteren Generation direkt an die Jüngeren gegeben. Manche argumentieren sogar noch schärfer: Öffentliche Rentenzahlungen entlasteten die Beziehungen zwischen den Generationen (Szydlik 2000) – will sagen, dass, wenn das Einkommen der Älteren gesichert ist, und diese mehr Transferzahlungen an die Jüngeren leisten können, verläuft die Beziehung zwischen den Generationen konfliktärmer.
[40] Das hier Gesagte ließe sich noch wesentlich erweitern: Man weiß aus der Forschung, dass nicht nur monetäre Transfers und Unterstützungsleistungen zwischen der älteren und der jüngeren Familiengeneration stattfinden: Vielmehr wird in einem weiten Umfang auch die soziale und berufliche Position weitergegeben (hierzu etwa Müller 1986).

ihnen auch selbst Hilfe erwarten.	
Erwachsene Kinder sollten auf eigenen Beinen stehen und keine Unterstützung von ihren Eltern erwarten. [1]	70
Wer etwas von mir erben will, sollte auch etwas dafür tun.[3]	51
Wen ich von meinen Angehörigen nicht mag, dem helfe ich auch nicht.	38
Was soll ich in meinem Alter noch Geld sparen? Meine Angehörigen können es jetzt viel besser gebrauchen.	36
Ich brauche meinen Angehörigen nicht zu helfen, weil es ja genügend staatliche Hilfen gibt.	17

Tabelle zitiert nach (Szydlik 2000: 93): Datenbasis: Alters-Survey 1996. Gewichtete Ergebnisse, eigene Berechnungen von Szydlik. Fallzahlen 3295 bis 3756. Anteile in []: 1: Nur Personen mit erwachsenen Kindern. 2: Nur Personen mit lebenden Kindern. 3: Nur Personen mit Haus-, Wohnungs- oder Grundstückseigentum.

Aus Befragungen wie dem 1996 durchgeführten Alters-Survey, bei dem Personen im Alter zwischen 40 und 85 Jahren interviewt wurden, wissen wir, dass das Motiv der Weitergabe des selbst Empfangenen durchaus verbreitet ist. So stimmen 84% der Aussage: „Was meine Eltern mir gegeben haben, das möchte ich an die folgende Generation weitergeben" zu (Szydlik 2000: 93).

Interessant ist, dass die Zustimmung für die Beschreibung der Weitergabe größer ist, als zu den Aussagen, die sich auf bekannte Formen der Reziprozität beziehen. So ist das Einverständnis mit der Aussage: „Meine Eltern haben so viel für mich getan, dass ich ihnen auch etwas zurückgeben möchte" immerhin 5 Prozentpunkte (bei 79%) niedriger. Noch niedriger ist das Einverständnis mit den Vorgaben, die direkte Reziprozität einfordern: „Wenn ich meinen Angehörigen helfe, kann ich von ihnen auch selbst Hilfe erwarten" und „Wer etwas von mir erben will, sollte auch etwas dafür tun." Zu diesen Items finden sich 70%, bzw. 51% Zustimmung (Szydlik 2000: 93). Die Aussage, der am häufigsten zugestimmt wird, rekurriert auf die Beziehungsebene.

An der Tabelle lässt sich also ablesen, dass eine Form der Reziprozität, bei der das Empfangene an die nächste Generation weitergegeben wird, auch im Alltag von Menschen mit eigenen Kindern durchaus präsent ist.

Eine solche Verkettung bewirkt noch mehr als lediglich die Weitergabe von selbst empfangenen Leistungen: Sie stellt eine Einwirkungskette dar, die gleichzeitig verdeutlicht, wie ein gesellschaftlicher Abgleich von Verhaltensweisen entsteht. Dem Individuum wird das Universum des Verhaltens innerhalb des Moleküls „Familie" tradiert. Die Individualität entsteht durch das spezifische Mischungsverhältnis der einzelnen Einflüsse.

Obgleich sich die Beziehung zwischen Eltern und Kindern mit dem Erwachsenwerden der Kinder verändert – hin zu mehr Gleichberechtigung und Partnerschaftlichkeit, löst sich die Asymmetrie wohl nie zur Gänze auf. Hierfür bieten sich folgende Erklärungen an: Die unterschiedlichen Positionen, mit ihren über Jahre hinweg eingeübten Rollen sind wohl kaum einfach aufzugeben. Daneben kann man aber auch quantitativ strukturalistisch argumentieren: Während die Kinder mit dem Erwachsenwerden eine Vielzahl neuer Beziehungen eingehen und damit die Bindung an die Eltern tendenziell eine Abwertung erfährt, werden die Eltern in der Regel mit zunehmendem Alter in weniger Beziehungen eingebunden sein. Es finden sich nicht mehr so viele Gelegenheiten, neue Beziehungen aufzubauen – mit dem Älterwerden sterben Freunde und Bekannte weg. Die Beziehung zu den eigenen Kindern erfährt dadurch eher eine Aufwertung. Durch diesen Prozess bildet sich eine neue Asymmetrie innerhalb der Beziehung heraus.[41] Ein deutliches Zeichen hierfür ist auch die Asymmetrie der Gaben, die sich sogar noch nach dem Tode fortsetzt, denn in der Regel wird von den Eltern auf die Kinder vererbt. Die Eltern geben, weil es zur Elternposition dazugehört. Sind die Kinder erwachsen und nicht mehr auf die Unterstützung angewiesen, verfügen sie über andere vielfältigere Kontakte, während die der Eltern vergleichsweise verarmen, dann mag die durch die Gabe der Eltern an ihre Kinder entstehende Verpflichtung der jüngeren Generation durchaus auch ein strategisches Element im Kalkül der Eltern enthalten. Hiermit wird versucht, die Jüngeren stärker an sich zu binden, als dies ohne Transfers der Fall wäre.

Die aufgezeigte Verkettung der Generationen geht aber noch weiter und hieran lässt sich zeigen, dass solche Motive wahrscheinlich eher eine

---

[41] Die hier gegebene Erklärung ist vor allem eine strukturalistische, andere heben unterschiedliche Interessen hervor: Nach einer These von Giarrusso et al. (1995) sind die Älteren mehr an Kontinuität und Übertragung von Bewährtem orientiert, während die Jungen für Autonomie und Innovation stehen.

untergeordnete Bedeutung besitzen. Hier geht es um einen Bezug zur Reziprozität von Rollen. Zur Eltern-Kind Relation gehört auch, dass Eltern ihren Kindern Grenzen setzen: Solche Grenzsetzungen und Versuche dazu sind, besonders im Jugendalter der Kinder, mit zahlreichen Konflikten verbunden. Etwa wenn es um die Frage geht, wie lange die Heranwachsenden abends wegbleiben dürfen, wenn es um geschmackliche Fragen, wie die richtige Kleidung oder den Musikgeschmack geht. Bei solchen Konflikten kritisieren die Eltern das Verhalten ihrer Kinder.

Während Eltern und ihre Kinder dazu neigen, diese Art von Konflikten zu personalisieren, also aus der Perspektive der Eltern den jeweiligen Heranwachsenden einerseits, und aus der Perspektive der Jugendlichen dem Vater oder der Mutter andererseits zuzuschreiben, zeigt die private Erfahrung, dass dieselbe Form der Auseinandersetzung sich von Generation zu Generation wiederholt. Öffentlich wird das dadurch bestätigt, dass die Jugend von Generation zu Generation (vergl. Allerbeck & Hoag 1985) kritisiert wird. Dieser Mechanismus kann bereits als eine Form an sich gedeutet werden, die sich immer in der gleichen Weise zwischen Älteren und Jungen abspielt. Erst mit den eigenen Kindern merkt man aber, dass sich die Form der selbst erlebten Auseinandersetzungen, bis in die Argumente hinein, die man oft damals nicht zu akzeptieren bereit war, wiederholt. Zwar sind die Inhalte, der Musikgeschmack, die Mode etc. zu der der eigenen Jugend verschieden, die Formen der Auseinandersetzung unterscheiden sich dagegen kaum. Es findet sich also nicht nur hinsichtlich der Gaben eine Kette zwischen den Generationen, bezüglich anderer intergenerationeller Verhaltensweisen trifft eine solche Form ebenfalls zu.[42]

4.2 Generalisiert über ein bestimmtes gemeinsames Merkmal

Was ist mit einem gemeinsamen Merkmal gemeint? Dies ist gar nicht so einfach zu definieren, denn das, was die Gemeinsamkeit ausmacht, ist variabel. Um dies zu zeigen, sollen einige unterschiedliche Beispiele angeführt werden. Zunächst ein Beispiel, in dem Landsmannschaft das bestimmende Merkmal ist. Gosztonyi (1993), ein polnischer Student in Berlin, berichtet

---

[42] Das hier aufgeführte Beispiel eignet sich auch zur Illustration für die Reziprozität von Rollen, die abhängig definiert sind (siehe Kapitel zur Reziprozität von Rollen, ab S. 93).

von generalisierter Reziprozität unter Vietnamesen. Einer der beobachteten Vietnamesen kündigte sogar seine Arbeit, um mit seinen Freunden zusammen sein zu können: Die Gruppe mit ihrer Reziprozitätsbeziehung bot mehr Sicherheit als eine (Schwarz-)Arbeit in einer Pizzeria. Alles Geld wurde unter allen Vietnamesen quasi gleich wieder verteilt, selbst wenn diese sich kaum untereinander kannten. Wenn Einwanderer ohne Geld ankamen, wurden sie von den anderen in den nächsten Tagen eingekleidet und konnten vorübergehend in der Wohnung leben.

Auch hier bestimmt der Kontext weit stärker als individuelles Kalkül das Handeln der beteiligten Personen.

Generalisierung kann auch gegenüber Gruppen oder Organisationen erfolgen. Dies ist beispielsweise dann der Fall, wenn jemand auf die Idee verfällt, einer Organisation oder einer Gruppe als solcher eine Aufmerksamkeit als Dankbarkeit für eine Leistung zukommen zu lassen. Um im politischen Bereich zu bleiben – führt etwa der Gesetzgeber auf Betreiben einer Regierungspartei ein für die Gruppe der Unternehmer günstiges Steuergesetz ein, kann dies durchaus eine Spende an die Partei nach sich ziehen, die als Dank gegenüber der gesamten Organisation gemeint ist, ohne wirklich an die entsprechenden Akteure, auf deren Betreiben das eigentliche Gesetz zustande kam, gerichtet zu sein.

Ein Freund von mir blieb mit einer Panne auf der Autobahn liegen. Auf Anforderung über eine Notrufsäule eilten die „Gelben Engel" herbei und halfen den Fehler zu beheben. Obgleich die Hilfe an der Autobahn nicht kostenpflichtig ist, erfolgte der Eintritt in den ADAC aus Dankbarkeit für die technische Unterstützung.

Neben diesem Beispiel aus dem praktischen Leben findet man ähnliche Verhaltensweisen auch in der Literatur. Etwa bei Sahlins (1972; 1999), der die Soziologie des primitiven Tauschs betrachtet. Nach Sahlins finden sich zwei Hauptunterscheidungen hinsichtlich der wirtschaftlichen Transaktionen: Zum einen Reziprozität, die eine notwendige Außenbeziehung zwischen zwei unterschiedlichen Parteien darstellt. Zum anderen Pooling, bei der es sich um eine Innenbeziehung handelt. Mit Pooling direkt verbunden ist Redistribution, d.h. die Verteilung der gesammelten Güter auf die Mitglieder der Gemeinschaft. Geht es in primitiven Gesellschaften darum, etwa von den Frauen gesammelte Früchte auf die einzelnen Mitglieder zu verteilen, so findet man ganz ähnliche Formen auch in den modernen Gesellschaften – und das auf völlig unterschiedlichen Aggregatebenen: Zumeist wird das Einkommen in Familien zusammengeworfen und dann als Familieneinkommen auch wieder ausgegeben bzw. in Teilen zurückgelegt. Obgleich möglicherweise ein Mitglied der Familie mehr verdient als das andere und auch einige (etwa Kinder) über gar kein Einkommen verfügen, steht das Geld im Prinzip allen zur Verfügung. Auf staatlicher Ebene findet sich eine ähnliche Funktion in Form der Steuer, bei der ebenfalls Mittel zusammengetragen und dann nach anderen Gesichtspunkten neu verteilt werden.

Auch Pooling kann unter dem Stichwort Reziprozität gefasst werden, allerdings handelt es sich um eine Art generalisierter Reziprozität. Es handelt sich um Leistungen, die nicht immer ganz freiwillig gegenüber einer Gruppe oder Gemeinschaft gegeben werden. Gegenleistungen hierfür finden sich reichlich: Allein über die Mitgliedschaft wird bereits soziale Integration hergestellt, die allerdings etwa bei anonymen Steuersystemen weniger direkt fühlbar ist. In ähnlicher Weise wie in der primitiven Gesellschaft werden für Bedürftige Ressourcen zur Verfügung gestellt. Insbesondere in sozialen Beziehungen, in denen Vermögensunterschiede vorhanden sind, sind die Besitzenden aufgefordert, mehr zu geben: Wenn sich ein großes Wohlstandsgefälle auftut, sind die Reichen aufgefordert, sich um die Unterstützung der Armen zu kümmern. Tun sie dies nicht in ausreichendem Maße, so ist die Soziabilität gefährdet.[43]

In der kleinen Gemeinschaft der Familie werden dagegen noch in weit stärkerem Maße Bindekräfte erzeugt. Allerdings geht mit dem Pooling und Redistribution auch noch ein Nebeneffekt einher, der gar nicht immer gewollt ist: Derjenige oder diejenigen, die die Regeln für die Redistribution festlegen, verfügen über eine herausgehobene Position, die mit mehr Macht als die der anderen verbunden ist. Als Nebeneffekt dieser Reziprozitätsform, so könnte man sagen, entsteht gleichzeitig eine Ungleichheitsstruktur.

Man sieht aber auch, dass gerade in den Formen Pooling und Redistribution die Art der Beziehung eine wesentliche Rolle spielt: Diese Austauschform ist nur für eine begrenzte Gruppe aufrechtzuerhalten, deren Beziehungen mindestens formal (etwa hinsichtlich der Staatsangehörigkeit) oder wahrscheinlich öfter auch emotional (etwa in der Familie) geregelt sind.

---

[43] Allerdings scheint andererseits die tolerable Differenz zwischen Einkommen bzw. Vermögen auf der einen Seite und dem Ausmaß an Armut auf der anderen Seite von gesellschaftlich bedingten Maßstäben abhängig, die sich in moralischen Grundwerten unterscheiden.

Wesentliches Kriterium ist die soziale Grenze, die sich an Mechanismen der Inklusion und der Exklusion manifestiert.

Interessant ist ferner die Feststellung Sahlins, dass in den meisten primitiven Gesellschaften, wenn man direkt utilitaristische, ebenso wie instrumentelle Transaktionen berücksichtigt, die ausgeglichene Reziprozität nicht die vorherrschende Form des Tausches ist. D.h. nicht eine vermeintliche Grundregel der Reziprozität bestimmt hier den Austausch, vielmehr wird dieser aufgrund der Beziehungen der Mitglieder untereinander reguliert. Die Beziehung und nicht instrumentelle Reziprozität bestimmt den Austausch.

4.3 Solidarität als generalisierte Reziprozität

Die zuletzt behandelte Reziprozitätsform kann allgemeiner auch als Solidarität bezeichnet werden. Allerdings ist auch hier zwischen einer persönlichen und einer entpersönlichten Solidarität zu unterscheiden. Beim zitierten Beispiel der generalisierten Reziprozität zwischen Landsleuten, wird die Leistung jemandem persönlich erbracht: Derjenige, der abgibt, ist mit demjenigen bekannt, dem er gibt. Die Grenze der Leistung wird durch das askriptive Merkmal der gleichen Ethnie in der fremdem Umwelt abgesteckt. Innerhalb dieses Bereiches sind die Landsleute zu Gaben untereinander bereit, auch wenn keine vorgängigen Beziehungen vorhanden waren. Eine fremde, möglicherweise als feindlich wahrgenommene Umwelt bedarf einer erhöhten Gegenseitigkeit. In dieser Situation sind Leistungen, die gegenüber Personen in gleicher Lage erbracht werden, von höchster Wichtigkeit, zumal dadurch Beziehungen geschaffen werden, die durchaus in einer späteren Situation in Anspruch genommen werden können.

Bei entpersönlichten Solidaritätsformen handelt es sich um eine Hilfe, die immer auf ein gemeinsames Merkmal bezogen bleiben. Solidaritätsbeziehungen rekurrieren auf eine Gleichheitsdimension – jedoch nicht unbedingt immer auf dieselbe. Solche Solidaritätsforderungen können von einer Werbeaktion für die TAZ (Hondrich 2000) bis zu einem Spendenaufruf nach einem Erdbeben reichen.

Solidarität kann dennoch nicht als eine einseitige Hilfsmaßnahme angesehen werden, denn mit Solidarität ist zumeist die Überlegung verbunden, wie es einem selbst in ähnlicher Lage ergehen würde. Man fragt sich, wie man die Probleme selbst bewältigen würde, vor denen die Betroffenen von einer Naturkatastrophe stehen. Ein solches Sichhineinversetzen[44] in andere führt zum Mitleiden und damit zum Mitleid.[45]

Andererseits kann jeder selbst in eine Notsituation geraten, selbst wenn diese aus dem momentanen Blickwinkel weit entfernt zu sein scheint. Die Hoffnung, dann selbst Hilfe zu bekommen, ist mindestens latent bei vielen derjenigen, die solidarisch helfen, präsent. Und – natürlich finden sich auch noch Erinnerungen an die Zeit nach dem Krieg, als der Marshall-Plan der eigenen Wirtschaft wieder auf die Beine half und das Wirtschaftswunder ermöglichte. Auch werden die Carepakete, die das Überleben in Hungerszeiten nach dem Kriege mit ermöglichten, noch nicht ganz in Vergessenheit geraten sein. Bei zahlreichen Menschen sind diese Solidaritätsbeweise noch immer im Gedächtnis hängengeblieben. Sie können auf erlebte Erfahrungen bauen. Selbst in Generationen, in denen bezüglich dieser Frage nicht auf das individuelle Gedächtnis gebaut werden kann, sind solche Erlebnisse noch immer zumindest im kollektiven Gedächtnis präsent, durch gelegentliche Jahrestage oder Medienberichte werden solche Erinnerungen erneuert. Da man denjenigen, die damals halfen, nichts mehr direkt vergelten kann, handelt man nach dem damals erlebten Muster, wenn man sich an Kleiderspenden für Weißrussland beteiligt oder für Lebensmittelpakete nach Afghanistan spendet.

Die „uneingeschränkte Solidarität", die der damalige Bundeskanzler Schröder den Amerikanern direkt nach dem Attentat auf das World-Trade-Center am 11. September 2001 versprach, atmete immer noch eine Gelegenheit, sich für die Hilfe nach dem Krieg und im kalten Krieg zu revanchieren. Die Formel „Heute sind wir alle Amerikaner" macht nur Sinn unter Bezug auf die Rede von John F. Kennedy 1961 an der Berliner Mauer. Das dort ausgesprochene Bekenntnis „Ich bin ein Berliner" ist im kollektiven Gedächtnis für die Solidarität und Rückendeckung in diesem, politisch krisenhaften Moment geblieben.

Es bleibt die Frage, ob mediale Darstellung von Hilfeleistungen, die andere für uns, bzw. unsere Eltern und Großeltern erbracht haben, die glei-

---

[44] Siehe hierzu den Abschnitt zur Reziprozität der Perspektiven ab Seite 99.
[45] Dass dieser Zusammenhang kein zwingender ist, führt Max Scheler (1973: 20, zuerst 1912) aus. Er unterscheidet zwischen Nachfühlen und Mitfühlen als zwei ungleiche Formen. „Ich kann Ihnen das sehr gut nachfühlen, aber ich habe kein Mitleid mit Ihnen!".

che Eindringlichkeit besitzt, wie selbst erlebte Hilfe. Wahrscheinlich werden die kollektiven Erinnerungen mit der Zeit verblassen.

Hondrich (2001b: 105f) weist darauf hin, dass Solidarität einer Gleichsetzung in einer Beziehung bedarf – worin die Gleichheit besteht, bleibt zunächst einmal offen. Dennoch erscheint die Bereitschaft zur Hilfeleistung nicht gleich verteilt – wenn man sich entscheiden kann, zwischen einer Leistung für weit entfernte oder nahe Menschen, wird die Entscheidung bei gleicher Bedürftigkeit zumeist für die Näherstehenden fallen.

Allgemein kann man daher wohl sagen, dass auch die Hilfsbereitschaft durch Beziehungen moduliert wird.

4.4 Generalisierte Reziprozität und Spieltheorie

Generalisierte, im hier verwendeten Zusammenhang auch indirekte Reziprozität ist das Gegenstück zur direkten Reziprozität, bei dem die Hilfeleistung sich explizit auf jemanden bezieht, von dem man später selbst wiederum Hilfe erwartet. Indirekte Reziprozität meint die Hilfe, die jemandem zuteil wird, auch ohne eine direkte Gegenleistung von Ebendiesem erwarten zu können. Die Gegenleistung wird zu einem anderen Zeitpunkt meist von einer anderen Person innerhalb einer Gemeinschaft erwartet.

Warum sollte jemand anderen helfen, wenn diese keine Möglichkeit besitzen, die gute Tat angemessen zu vergelten. Dies gilt für alle hilfsbedürftigen Menschen der Welt.[46] Ob die Menschen in der dritten Welt gemeint sind oder Obdachlose aus derselben Großstadt. Spenden, zumal, wenn sie indirekt über Hilfsorganisationen geleistet werden, werden wohl kaum zu einem direkten Rückfluss der investierten Summen führen. Einer der bekanntesten Soziologen, der sich mit dem Thema Reziprozität beschäftigte und bereits behandelt wurde, Alvin Gouldner (1984), analysiert das Reziprozitätsphänomen folgendermaßen: „Wenn du möchtest, dass dir von anderen geholfen wird, musst du ihnen helfen." (Gouldner 1984: 102). Mit dieser Erklärung steht er vor dem beschriebenen Problem, keinen Beitrag zur Auf-

---

[46] Leistungen, die aus Tierliebe erbracht werden, könnte man durchaus auch dieser Kategorie zurechnen. Zwar ist das einzelne Tier, etwa ein Hund, in beschränktem Umfang in der Lage reziprokes Verhalten zu zeigen, der einzelne Spender tritt aber überhaupt nicht mit den begünstigten Kreaturen, für die sich der Tierschutzverein einsetzt, in Kontakt.

klärung des Phänomens der Freigebigkeit leisten zu können, wenn nicht mit einer Gegenleistung zu rechnen ist. Gouldner zieht sich aus der Affäre, in dem er auf eine Norm zur Wohltätigkeit hinweist. In der Tat können Stiftungen und Spenden in den USA als eine Art gesellschaftlicher Ausgleich für übermäßigen Reichtum und extrem ungleiche Vermögensverhältnisse angesehen werden. Gouldner weist aber auch auf die Asymmetrie hin: Es ist nicht legitim, etwas zu fordern, ohne eine Gegenleistung erbringen zu können oder bereits erbracht zu haben. Viele Hilfsbedürftige verfügen also (in diesem Kontext) nicht über eine rechtmäßige Möglichkeit, Unterstützung einzufordern. Andererseits gebe es eine Verpflichtung dazu, freigebig zu sein, wenn man im Wohlstand lebe.[47] Es zeige sich, dass Eliten häufig ohne Gegenleistung geben würden, wobei die Wohltätigkeit diese gleichzeitig in eine legitime Elite verwandeln würde. D.h. dadurch, dass diese Gruppe sich spendabel zeige, werde ihre Position gefestigt, so die Argumentation von Gouldner.

Bei diesem vermuteten Zusammenhang fällt es leicht, eine Handlungsmotivation zu konstruieren. Wenn meine Leistungen schon nicht von den Empfängern angemessen zurückgezahlt werden können, finden sich dann andere Vorteile für mein Handeln, die den Einsatz aufwiegen können? Mit dieser Frage lässt sich die gesamte Motivations- und Wirkungskette auf die individuell-rationale Motivlage verkürzen.

Im nun Folgenden sollen einige Untersuchungen und Argumente vorgestellt werden, mit denen die These der Imageeffekte durch Freigebigkeit unterstützt werden. Die Soziobiologie befasst sich seit längerem mit der Frage des Altruismus. Hierbei wird die Tatsache, dass man jemandem (vordergründig) ohne Eigennutz hilft, betrachtet. Ein solches Verhalten darf es in der Sphäre des individualistischen Denkens eigentlich gar nicht geben. Um dieses Phänomen der Theorie einzupassen, ist man bestrebt, den individuellen Vorteil altruistischer Handlungen aufzudecken und herauszustellen. Einige spieltheoretische Experimente, die als Computersimulationen durchgeführt wurden, versuchen, solche Effekte darzustellen.

Beispielsweise berichten Nowak & Sigmund (1998) über die Evolution indirekter Reziprozität. In der Simulation wurde Freigebigkeit mit Prestige-

---

[47] Generalisierte Reziprozität: Zeit und Wert der Rückgabe hängen nicht von Gabe ab, sondern von Bedürftigkeit. Zu Gouldner (1984): Die allgemeine Wohltätigkeitsnorm unterschätzt auch hier die Beziehungen bei generalisierter Reziprozität.

punkten belohnt. Dort konnte gezeigt werden, dass man bereit war vor allem denjenigen zu geben, die als besonders großzügig bekannt waren und also besonders viele Prestigepunkte sammeln konnten. Dabei blieb direkte Reziprozität ausgeschlossen, denn die simulierten Spieler trafen immer mit anderen Spielern zusammen.

Um die Simulation zu bestätigen, wurde an der Universität in Bern ein Experiment mit 80 Studenten durchgeführt (Milinski 2001, Wedekind & Milinski 2000). Im Experiment konnten die Mitspieler, ohne dass sie je wieder auf die anderen treffen würden, Geld verteilen. Hätte ein Mitspieler nie jemand anderem etwas gegeben, hätte er auf maximal 30 Franken Einnahmen kommen können. Dennoch waren erstaunlich viele Spieler auch ohne Aussicht auf direkte Gegenleistung bereit, anderen zu spenden. An Personen mit höherem Geberstatus wurde tatsächlich von den Mitspielern bereitwilliger gespendet. Interessant war, dass die Großzügigen, obgleich sie mehr Einnahmen hatten, am Ende nicht auf einen höheren Geldbetrag kamen als die Geizigen, denn mit der Großzügigkeit waren natürlich auch höhere Ausgaben verbunden. Der mögliche Gewinn, der mit höherem Prestige verbunden ist, so wurde daraus geschlossen, ist also kein monetärer, sondern vielleicht das zusätzlich erworbene Vertrauen der anderen.

Vergleicht man das im Experiment beschriebene Verhalten mit Formen des Gebens, so scheint sich dies zu bestätigen. Und in der Tat, kulturelle Highlights, ob es sich um Ausstellungen, Theateraufführungen, Musikfestivals, Straßenfeste oder gar Fernsehübertragungen handelt, kaum ein solches „Event" kommt mehr ohne Unterstützung von Unternehmen aus. Die Unternehmen geben Geld und wollen dafür ihren Namen an prominenter Stelle für diese „Wohltätigkeit" genannt sehen. Dieses Verhalten ist wohl kalkuliert und manchmal handelt es sich sogar um ein wirklich gutes Geschäft. In solchen Fällen übertreffen die Einnahmen aus solchen Kooperationen für den Gebenden die Ausgaben um ein Vielfaches. So zahlte sich für die Dt. Telekom AG die Unterstützung für die Radsportler im Jahr 1998, als Jan Ullrich zum ersten Mal die Tour des France gewann, ganz besonders aus. Hätten alle Einblendungen und Erwähnungen des Namens Telekom als Werbezeiten oder Anzeigen gekauft werden müssen, wäre dies der Telekom weit teurer zu stehen gekommen. Die Kosten hätten ein Vielfaches dessen ausgemacht, was das Unternehmen in den Rennstall investierte. Kommen steuerliche Vergünstigungen und die Werbewirkung solchen Verhaltens zusammen, mag das kulturelle Investment auch abgesehen von diesem „Glücksfall" durchaus ertragreich sein.

Nur kann man in diesen Fällen indirekter Reziprozität tatsächlich nicht mehr von Altruismus sprechen, denn das Verhältnis von Einsatz und Gewinn sind wohl überlegt. Altruismus zeichnet sich aber dadurch aus, dass er gerade nicht aus eigennützigen Motiven heraus geleistet wird.

Soziobiologen und Spieltheoretiker sehen lediglich zwei unterschiedliche Mechanismen zur Erklärung (Lenzen 2001) von Leistungen für andere als möglich an: Zum einen die Hilfe unter Verwandten, die dazu dient, die gemeinsamen Gene zu stützen und ihre weitere Verbreitung dadurch wahrscheinlicher und nachhaltiger zu machen oder aber es handelt sich gegenüber Nichtverwandten um puren Eigennutz, der sich rein individualistisch klären lässt. Beides wird als Verhaltenskonstante betrachtet, die zwar individuell wirksam werden, aber nicht individuell beeinflussbar seien, denn diese sind im biologischen (also genetischen) Programm fixiert – nur Veränderungen dort können diesbezügliche Verhaltensänderungen hervorbringen.

Hinsichtlich des sozialen Engagements hätte der Befund der Soziobiologen und Spieltheoretiker, würde er tatsächlich Altruismus erklären, zudem einen fatalen Effekt: Die Hilfsbedürftigen profitieren nur unterproportional (auch wenn diese Hilfe überlebensnotwendig ist) vom Engagement, während die Gebenden überproportional profitieren. Nach dieser Denkfigur erfolgt die Belohnung für das Engagement durch Dritte. Was aber bei dieser Argumentation vor allem fehlt, ist eine Betrachtung darüber, welchen Vorteil die Dritten aus der für die Belohnung des Freigebigen erbrachten Leistung ziehen können. Während direkte Reziprozität also immer einen Ausgleich findet, bleibt bei indirekter Reziprozität, immer eine Asymmetrie bestehen.[48] Sofern in diesem Fall ein Ausgleich über Dritte erfolgt, so sind diese die Leidtragenden: Ihnen fallen Kosten für die Goutierung der edlen Spender an, sie können aber hierfür selbst keinen Ausgleich erwarten. Denn „Belohnung" des Wohltäters, und sei es „nur" soziale Unterordnung oder Anerkennung eines Elitestatus, kann in der Terminologie der Spieltheoretiker als Kosten gelten. Die Motivation dieser Dritten, bleibt also, sofern man individualistisch argumentiert, erklärungsbedürftig.

---

[48] Dies gilt, sofern die Hilfeleistungen nicht Gleiche berücksichtigt, die für eine Gegengabe im selben Kollektiv sorgen könnten, sondern Hilfsbedürftige bedenkt, die nicht in der Lage sind einen Ausgleich an andere zu zahlen.

Handelt es sich also tatsächlich um gesammeltes Prestige, bzw. die Legitimierung einer Elite, könnte man mit dieser Argumentation gesellschaftliche Distanz, die Entwicklung eines Oben- und Unten erklären. Die besonders Freigebigen erreichten danach höhere Ränge als diejenigen, die an ihren Ressourcen festhalten.

Bei den genannten Experimenten tut sich aber auch noch eine weitere Erklärungslücke auf: In diesem Kontext lassen sich die zahlreichen anonymen Spenden nicht erklären. Obgleich der Pfarrer im, während des Gottesdienstes herumgereichten, Klingelbeutel auch zahlreiche Knöpfe findet, kommen dort in der Addition nicht zu vernachlässigende Summen zusammen. Während etwa auf den Autos der Aidshilfe das Logo der Spender prangt, taucht der Name der zahlreichen Kleinspender für das „Rote Kreuz", für „Brot für die Welt", die „Welthungerhilfe" oder bei aktueller Katastrophenhilfe nirgendwo auf.[49]

Wie schon im vorangehenden Abschnitt, als das Beispiel der Fernfahrer (siehe S. 41) aufgezeigt wurde, kommt zur Erklärung weitgehend anonymer Hilfeleistungen das Phänomen der Solidarität in Frage. Jenseits des Solidaritätsbegriffes in einem marxistischen Zusammenhang, in dem auf geteilte gemeinsame Erfahrungen und das daraus entstehende Arbeiterbewusstsein der Arbeiterklasse Bezug genommen wird, kann man viel allgemeiner Solidarität als ein Eintreten für andere innerhalb einer sozialen Einheit betrachten.[50]

Reziprozitätsleistung und auch Solidarität benötigen eine institutionelle Stützung, die gleichzeitig die Grenzen markiert. Beispielsweise ist Gegenseitigkeit eines der zentralen Merkmale der Partnerschaft, wie Thurnwald (1957) bereits ausführte. Verwandtschaft wird als eine solche Grenze angesehen. Durch die bereits früh im Leben aufgenommenen Beziehungen, wird

---

[49] Außer vielleicht in der Jahressteuererklärung. Allerdings ist anzunehmen, dass sich der Prestigegewinn, den der Steuerpflichtige bei den Finanzbeamten dadurch zu erzielen vermag, ebenfalls in engen Grenzen halten wird.
[50] Die Sozial- und Soziologiegeschichte kennt natürlich noch eine Reihe weiterer Solidaritätsbegriffe, etwa das aus der katholischen Soziallehre entstammende Solidaritätsprinzip, bei dem die Starken für die Schwachen eintreten und welches sich institutionalisiert in den Sozialversicherungsprinzipien wiederfindet. Der in der Soziologie prominenteste Zusammenhang, in dem der Begriff der Solidarität noch immer Verwendung findet, sind immer noch die beiden Formen mechanische und organische Solidarität, die als Formen der Sozialintegration, von Emile Durkheim beschrieben wurden.

früh Vertrauen geschaffen, welches verwandtschaftliches Wirtschaften zu einem erfolgreichen Modell werden lässt. Ein bekanntes Beispiel ist die Verflechtung der Familien im alten Florenz (Padgett und Ansell 1993; Emirbayer und Goodwin 1994). Auch der wirtschaftliche Erfolg chinesischer Einwanderer in Ostasien und den USA wird auf diese Weise erklärt. Die entsprechende Wirkung der Verwandtschaft kommt in dem deutschen Sprichwort: „Blut ist dicker als Wasser" zum Ausdruck. Es spricht allerdings einiges dafür, dass der in diesem Spruch hergestellte Zusammenhang nicht unbedingt nur auf genetischer Verwandtschaft beruht. Der Zusammenhang scheint vielmehr durch die innerhalb des Verwandtschaftssystems aufgebauten gegenseitigen Beziehungen hergestellt zu sein. Die Grenzen und Normen des Verwandtschaftssystems bilden vielmehr ein Schema, eine Struktur, die normativ begrenzt ist. Die Ausfüllung der Beziehungen ist aber mehr von konkreten Reziprozitätsverhältnissen abhängig. Hierfür spricht die Beobachtung Thurnwalds (1957: 91 ff), dass die Gegenseitigkeitsbeziehung von Hirten und Feldbauern zur Individualisierung neigte und damit geeignet war, den Einzelnen aus seiner Sippe herauszureißen.

Soziobiologen behaupten, dass die generalisierte Reziprozität in den über Blutsverwandtschaft hergestellten Sozialitäten am größten sei, denn dort diene die gegenseitige Unterstützung dem Überleben des eigenen Genpools (Weber 2003). Es spricht allerdings vieles dafür, dass dies (sofern diese Hypothese überhaupt korrekt ist) nicht die einzige und vor allem nicht die vordringlichste Begrenzung sozialer Einheiten sein kann, denn es finden sich zahlreiche Anlässe für solidarisches Verhalten.

Erweitert man die Definition sozialer Einheiten, ergeben sich allerdings Schwierigkeiten, die jeweiligen Grenzen abzustecken. Es kann vermutet werden, dass diese Grenzen über eine weitreichende Variabilität verfügen. Im Extremfall kann die soziale Bezugseinheit nicht nur die gesamte Menschheit umschließen, sondern auch die Tierwelt, für die ebenfalls Spenden gesammelt werden. So mancher Vegetarier beruft sich auf eben jene Solidarität mit den Tieren.

4.5 Transitivität als Form generalisierter Reziprozität[51]

Für den Freund meines Freundes bin ich gerne bereit etwas zu tun! Ich möchte die Freundschaft nicht in Frage stellen, in dem ich seine Erwartungen an meine Hilfsbereitschaft enttäusche und, da ich einem Freund vertraue, nehme ich an, dass seine Freunde so wie er ebenfalls ganz in Ordnung sind.[52] Zudem kann man den Freunden der Freunde auch nicht ohne Weiteres aus dem Wege gehen – man trifft sich quasi zwangsläufig zu zahlreichen Gelegenheiten.

In diesem Abschnitt geht es um eine Form der generalisierten Reziprozität, die immer dann eine Rolle spielt, wenn Beziehungen über Bekannte weitergegeben werden.

Ein weiteres Beispiel: Auf einer Party stellt mir meine Frau einen Arbeitskollegen vor. Der Kollege ist mit meiner Frau ebenfalls befreundet – sie duzen sich. In dieser Situation duze ich den Kollegen meiner Frau – und dies selbst dann, wenn ich in einer anderen Situation den Kollegen in der dritten Person angesprochen hätte. Der Kollege meiner Frau wird mich in der Regel ebenfalls duzen.

Obgleich ich selbst gar keine Beziehung zu dem Kollegen unterhalte, gehen die Beziehungsattribute der Freundschaft zwischen meiner Frau und ihrem Kollegen auf mich über. Wir reden miteinander, als seien wir genauso befreundet.

Das reziproke Du zwischen meiner Frau und ihrem Kollegen gilt auch für mich. Es wirkt transitiv, denn in der Paarbeziehung einerseits, in der Freundschaft andererseits, werden die einzelnen Partner nicht als Individuen für sich betrachtet, sondern als Angehörige dieser Beziehungsformation. Tritt man auf eine Weise mit einem, der zu dieser Formation gehört, in Kontakt, so gilt die Form auch für den anderen.

In der sozialwissenschaftlichen Theorie sind solche Beziehungen unter dem Begriff der strukturellen Balance bekannt geworden: Wenn A eine star-

---

[51] Ein Zitat aus „Schmidts Bewährung" von Louis Begley hierzu: „Schade, dass wir nie zusammengearbeitet haben. Jedenfalls, Gils Freunde sind meine Freunde." (Begley 2001: 10)
[52] Übertragenes Vertrauen wird beispielsweise in zahlreichen Betrugsfällen ausgenutzt. So wurde in der letzten Zeit immer wieder darüber berichtet, dass angebliche Freunde des vermeintlich in Not geratenen Enkels von den Großeltern vertrauensselig größere Summen Geldes ausgehändigt bekamen.

ke Beziehung zu B unterhält und gleichzeitig eine starke Beziehung zu C, dann wird über kurz oder lang auch eine Beziehung zwischen B und C entstehen. Positive wie negative Beziehungen werden dadurch weitergegeben, weil Beziehungen zu einer Balance streben. Das Argument geht auf Heiders Theorie der kognitiven Balance (1958) zurück. In der Soziologie schlossen sich in den 70er Jahren zahlreiche empirische Studien an (Davis 1977; Davis & Leinhardt 1972; Holland & Leinhardt 1971).[53] [54]

Die Balance-Theorie ist eine Hypothese über die Strukturentwicklung von Beziehungen als Folge davon, dass Beziehungen transitiv sind, d.h. ein gewisser Grad an Reziprozität – entweder hinsichtlich einer Freundschaft oder hinsichtlich einer Feindschaft – vermittelt weitergegeben wird.

Natürlich ergibt sich auch hier ein Problem, denn nicht immer werden die Beziehungen in den Dimensionen Freundschaft und Feindschaft korrekt wiedergegeben sein – und letztlich wird von symmetrischen Beziehungen ausgegangen. Dort wo nur eine einzige (symmetrische Beziehung) betrachtet wird, müssten mindestens zwei Anschauungen wiedergegeben werden. Diese Frage beschäftigte auch schon Leopold von Wiese (1933: 175), für den der soziale Abstand eine seiner Grundkategorien bildet (siehe S. 115f):

„Bei einem sozialen Prozess zwischen nur zwei Partnern sind eigentlich drei Einordnungen notwendig; zwei subjektiv gemeinte: Prozess von A zu B, gesehen von A aus, und Prozess von B zu A, gesehen von B aus, schließlich und wichtigstens eine objektive der Außenschau, die beide kombiniert."

---

[53] Empirisch geprüft werden kann die Balance-Theorie mittels sogenannter Triadenzensen, die in verschiedenen Programmpaketen zur Netzwerkanalyse implementiert sind (etwa das Programm Pajek von Vladimir Batagelj and Andrej Mrvar, University of Ljubljana). Das, was sich von den Leitsätzen der Theorie her relativ einfach darstellt, kann empirisch durchaus komplex sein, denn viele der Beziehungen, insbesondere wenn man Beziehungen mit einem Indikator misst und in einer wie auch immer begrenzten Gruppe auszählt, stellen sich dem Forscher als einseitige Beziehungen dar. In diesem Fall sind es nicht nur 4 erlaubte + 3 verbotene bzw. unbalancierte Triaden, sondern sogar 16 verschiedene, die mit unterschiedlicher Häufigkeit in Gruppen auftreten.
[54] Mit am weitesten entwickelt hin zu Überlegungen zu einer triadischen Umwelt von Personen wurde dieser Ansatz von Hummell und Sodeur. Eine Kurzfassung ihrer Überlegungen findet sich in Stegbauer und Häußling (2010).

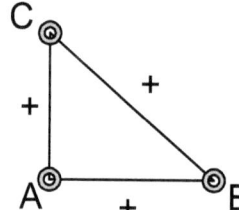
1. Der Freund deines Freundes = Freund.

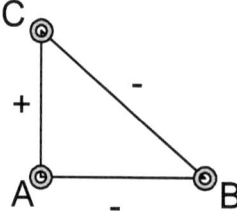
2. Der Feind deines Freundes = Feind.

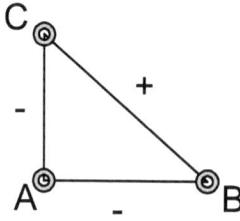
3. Der Freund deines Feindes = Feind.

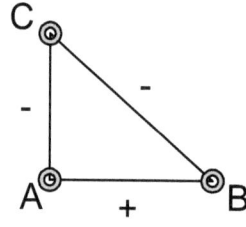
4. Der Feind deines Feindes = Freund.

Abb. 4: Erlaubte, bzw. balancierte Triaden

Wiese benötigt die dritte Kategorie, denn er will seine objektivierende Blickrichtung, die er theoretisch einnimmt, nicht einfach aufgeben. Die Forschungen zur Balance-Theorie zeigen aber, dass es empirisch sehr häufig vorkommt, dass die Bewertungen von A zu B nicht mit der von B zu A übereinstimmen.[55]

Die Balance-Theorie kommt mit vier einfachen Postulaten aus, wobei die postulierten Beziehungen in sogenannten Triaden dargestellt werden können (Abbildung 4).

Neben den erlaubten oder balancierten Triaden unterscheidet man auch sogenannte verbotene oder nicht balancierte Triaden (Abbildung 5).

Es wird angenommen, dass nicht Freundschafts- und Feindschaftsbeziehungen gleichermaßen für die Strukturierung verantwortlich sind. Negative Beziehungen wirken in dieser Hinsicht weit stärker: Sie bilden Grenzen, die kaum überschritten werden können.

In Regionen, in denen es große Konflikte gibt, lässt sich dies besonders gut beobachten. Dort ist das Misstrauen so groß, dass selbst eine neutrale Haltung als Gegnerschaft interpretiert wird. Sehr eindrucksvoll beispielsweise wird dies in Seamus Deans Roman „Im dunkeln Lesen" am Konflikt in Nordirland dargestellt. Mit das Schlimmste, was ein Polizist einem katholischen Jungen antun kann, ist wenn er ihm einen „Gefallen" erweist und ihn nach Hause fährt. Allein der Kontakt zu dem Polizisten erweckt das tiefste Misstrauen der Nachbarn und Spielkameraden.

Solche stark wirksamen Gruppennormen können unter Umständen sogar in Rechtsnormen gegossen sein: Beispielsweise waren in Israel lange Kontakte zwischen Israelis und Mitgliedern der PLO verboten. Wenn sich etwa Vertreter der Arbeiterpartei mit PLO-Leuten treffen wollten, musste dies im Geheimen geschehen (vergl. Tawil 1980).

---

[55] Dies mag auch an den Indikatoren zur Beziehungsmessung liegen, etwa wenn nach den drei besten Freunden gefragt wird, kann sich die Rangfolge durchaus aus der Sicht der Befragten unterscheiden – B landet bei A auf Platz zwei und A würde bei B auf Platz vier gesetzt. Zur Beziehungsmessung, siehe S. 123f.

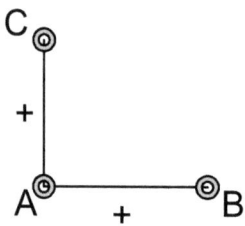
Diese Triade ist nicht balanciert: B unterhält eine positive Beziehung zu A und zu C. Aufgrund der Strukturhypothese müsste ebenfalls eine (zumindest schwache positive) Beziehung zwischen A und C entstehen.[56]

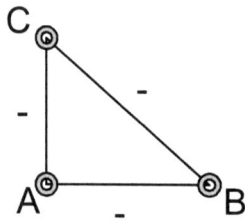
Diese Triade ist verboten, denn es müsste nach der Theorie der strukturellen Balance zwischen den beiden Feinden von A eine freundschaftliche Beziehung entstehen.

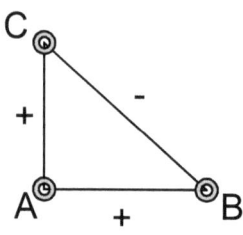
Auch hierbei handelt es sich um eine verbotene Triade. Eine positive Beziehung zwischen A und B und zwischen A und C verträgt sich nicht mit Streit zwischen B und C.

Abb. 5: Verbotene bzw. nicht balancierte Triaden

---

[56] Dies gilt allerdings nur, wenn B und C voneinander wissen – und auch zusammentreffen. In manchen Fällen wird A sogar darauf bedacht sein, dass B und C *keine* Beziehung zueinander aufnehmen, etwa im Fall der Ehefrau einerseits und der Geliebten andererseits. Der Ehemann A unterhält enge Beziehungen sowohl zur Ehefrau B als auch zur Geliebten C. Allerdings ist eine solche Konstellation sehr wohl instabil: Wenn beispielsweise die Ehefrau von der Beziehung zur Geliebten erfährt, wird meist ein Beziehungsabbruch erfolgen – zumeist das Ende der Liebesbeziehung zu C, manchmal aber auch die Scheidung.

In der Theorie werden solche missbilligten Beziehungen durch sogenannte verbotene Triaden ausgedrückt. Eine solche verbotene Triade wäre eine Feindschaft zwischen B und C, wenn A mit B und C befreundet ist. Eine weitere verbotene Triade wären Feindschaften zwischen allen Dreien.

Die Balance-Theorie ist nicht nur eine Theorie der Strukturierung, sie kann auch als eine Erklärung der Entstehung und der Begrenzung von generalisierter Reziprozität betrachtet werden. Dem Freund eines Freundes gewährt man eher Leistungen, die mit Freundschaft verbunden sind oder man erbringt solche Dienste, die dazu geeignet sind, aus einer vermittelten Beziehung in eine direkte Beziehung überzugehen. In gleicher Weise ordnen sich die Grenzen – Personen, für die man diese Leistungen nicht erbringen würde, weil sie mit einem bekannten Gegner in Verbindung stehen. Während Beziehungen über Freundschaften weitergereicht werden, nach dem vermittelten Kennenlernen sich möglicherweise weiterentwickeln, stehen solche Möglichkeiten zwischen den Freunden zweier Feinde nicht offen: Die beiden Gegner stehen praktisch in keinerlei freiwilligem Kontakt. Neben einem Übergang der feindschaftlichen Gefühle wird es zusätzlich an Gelegenheiten mangeln, die vom Freund übertragenen Vorurteile zu korrigieren.

Die Heiratsbeziehungen, die (Lévi-Strauss 1983) zwischen Angehörigen bestimmter Familien, Clans oder Dörfer bestehen und die Freundschaften stiften und erhalten, sind in solche transitiven Beziehungen eingebettet. Auch die Tauschbeziehungen zwischen den Kula-Partnern, die Malinowski aufzeichnete, entstehen entlang von bereits existenten Freundschafts-(Kula)Partnerschaften.

Die Balance-Theorie[57] ist eine Erklärung der Entstehung der einfachsten Form von generalisierter Reziprozität: Noch werden konkrete Beziehungen zwischen Personen betrachtet, die lediglich über *eine* weitere Person vermittelt sind. Das, was generalisierte Reziprozität im allgemeinen ausmacht, nämlich eine Generalisierung über bestimmte Merkmale hinweg,

---

[57] Freilich ist auch die Balance-Theorie nicht ohne Schwächen: Sie gilt nur unter bestimmten Umständen, wenn die Beziehungen zwischen A und B und A und C stark genug ist und für die Beteiligten B und C transparent ist. Diese Bedingungen sind aber nicht ohne Weiteres ohne Beachtung des Kontextes gegeben. Wohl spielt auch die Stärke von Konflikten eine Rolle für die Gültigkeit der Theorie. Dennoch kann die Balance-Theorie herangezogen werden, um die Entstehung sozialer Strukturen zu erklären.

etwa Ethnien, Staatsangehörigkeit, Zugehörigkeit zu einer bestimmten Berufsgruppe, gleiches Geschlecht etc. kann als eine Erweiterung von Normen, aber auch von mit Normen zusammenhängenden Gefühlen, auf eine ganze Gruppe erklärt werden.

Es wird abstrahiert von der tatsächlichen Beziehung, von eigenen Erfahrungen. Vorurteile werden zu Beziehungsgrenzen: Als Ergebnis finden wir Urteile über Gruppen, die die Chance eines Individuums mit einem Individuum der anderen Gruppe entweder ein positives oder ein negatives Reziprozitätsverhältnis aufzubauen, deutlich beeinflusst.

5 Reziprozität von Rollen

Um zu verstehen, was mit der Vorstellung von Rollenreziprozität ausgedrückt werden soll, ist zunächst eine kleine Einführung in die Rollentheorie notwendig.[58] Im Zentrum der Betrachtung stehen die Beziehungen zwischen den Akteuren. Es handelt sich also um eine relationale Betrachtung. Simmel definiert bereits in diesem Sinne das Individuum relational zu anderen, nämlich als im Schnittpunkt sozialer Kreise stehend. Was aber diesbezüglich das Entscheidende an Simmels Formaler Soziologie ist, und das wurde später in den Untersuchungen zur Sozialstruktur (in der Regel von Gruppen), etwa bei der Netzwerkanalyse aufgenommen, ist, dass jenseits der individuellen Motivation, allein aus den spezifischen Formationen in denen Beziehungen auftreten, Schlüsse über deren Struktur, Innigkeit, Wirksamkeit, Entfaltung der Individualität etc. getroffen werden können.[59]

Eine Analyse, die auf Beziehungen fokussiert, muss sich allerdings, und dies ist bis hierhin kaum thematisiert worden, mit einer unwahrscheinlichen Menge an Varianten möglicher Beziehungen herumschlagen, die von schwachen Bezügen (Granovetter 1973) bis hin zu romantischen Liebesbeziehungen, vom Schlangestehen an einem Schalter bis zu Schicksalsgemeinschaften reichen können. Eine Hilfe zur Orientierung dieser zahlreichen Kontexte und Rahmungen gibt die Rollenanalyse an die Hand (White 1992: 89). Die Soziologie der Formen beschäftigt sich daher auch mit der Analyse von in Form von Rollen und Rollensystemen typisierten sozialen Beziehungen. Die Geschichte der Rollenanalyse ist vor allem mit dem Namen Ralph Linton und Siegfried Nadel verbunden. Diesen Ideen wird nun nachgegangen.

Linton (1967: 252) definiert „Rolle" im Zusammenhang mit dem Begriff „Status", der aber synonym mit dem Terminus „Position" verwendet wird. Zwar ist jede Position mit einer bestimmten Rolle verbunden, jedoch

---

[58] In diesem Abschnitt finden sich Anleihen an Stegbauer (2001).
[59] Sehr eindrucksvoll dargelegt in Simmels „Soziologie" im Kapitel: „Die quantitative Bestimmtheit der Gruppe" (Simmel 1908, zitiert nach 1992: 63-159).

werden beide Begriffe keineswegs als identisch betrachtet. Während die Position (Status) hauptsächlich mit askriptiven oder physiologischen Eigenschaften zusammenhängt, der Status abhängig ist von Alter, Geschlecht, Herkunft usw., wird Rolle als das betrachtet, was an Handlungen notwendig ist, um die Position zur Geltung zu bringen. Mehrere Personen können denselben Status innerhalb einer Gesellschaft inne haben. Aufgrund der segmentären Differenzierung muss das sogar so sein. Beispielsweise als Väter, Mütter oder als Lehrer. Jede Position ist mit einem bestimmten typischen Verhältnis und dem zugehörigen typischen Verhalten verbunden.

Während das Verhältnis zwischen den Akteuren als Position bezeichnet wird, wird mit dem Verhalten der Akteure deren Rolle bezeichnet. Linton, aber auch Parsons (1951), unterscheiden zwischen einer statischen Komponente, nämlich dem Status (Position) und einer aktiven Komponente, der Rolle. Nadel (1957: 29) zitiert Parsons (1951: 25), um ihn anschließend zu kritisieren:

„The role, he holds, is status translated into action, the role being the ‚processual aspect' of status, as status is the ‚positional aspect' of the role."

Nadel ist der Meinung, dass beide Aspekte kaum voneinander zu trennen seien.[60]

Nadel unterscheidet strikt nach „governing properties" von Rollen. Diese können im Falle von „recruitment roles" abhängig sein „inevitable or fortuitous state in which individuals find themselves" (Nadel 1957: 36). Oder aber es handelt sich um „achievement roles", „where the governing property is a behavioural attribute, active or passive."

Die folgende Darstellung zeigt die unterschiedlichen Rollentypen auf (übernommen aus Nadel 1957: 53). In Tabelle 2 wurden die unterschiedlichen Rollen nach drei Merkmalsebenen systematisiert. Auf der obersten Ebene unterscheidet Nadel danach, ob die Rollen quasi automatisch vergeben werden („recruitment roles") und an individuelle, zumeist äußere Merkmale geknüpft sind, wie etwa Alter, Geschlecht oder ähnliches, oder ob

---

[60] Auch Goffman (1973: 95) setzt sich mit der Begrifflichkeit auseinander: „Es (ist) eine Position und nicht eine Rolle, die man einnehmen, die man ausfüllen und wieder verlassen kann, denn eine Rolle kann nur >gespielt< werden; aber kein Student scheint diese Logik zu beachten, und ich will das auch nicht tun."

diese erworben („achievement roles") werden müssen. Dann teilt er Rollen in unabhängig definierte und abhängig definierte Rollen. Diese beiden Begriffe bilden Extreme, die selten in reiner Form zu finden sein werden. Der Hauptunterschied zwischen beiden Kategorien ist folgender: Unabhängig definiert bedeutet, dass die tatsächlichen Beziehungen zwischen Akteuren in logisch verbundenen Rollen zwar möglich sind, nicht aber notwendig. Dies ist der Fall etwa bei Künstlern und ihrem Publikum. Beiderlei Rollen sind ohne den jeweiligen Gegenpart nicht vorstellbar, sie müssen einander aber nicht persönlich kennen.

Tabelle 2: Rollentypen nach Nadel (1957)

Recruitment roles		*Achievement roles*				
Independently defined	Dependently defined	Independently defined..Dependently defined				
	Relational roles	Proprietory roles	Expressive roles	Service roles	Relational roles	
1 On the basis of – somatic features, age, sex, personality, extraction, origin, descent, kinship etc.	2 Kinship roles	3 Roles indicating possession of skills, resources, learning, etc.	4 Belief roles, creative roles (e.g. „artist"), communication roles (e.g. „orator")	5 So-called „occupational roles"	6 Symmetrical: membership roles, partnership roles, rivalry roles	7 Asymmetrical: managerial roles, authority, leadership roles, hierarchical („Status") roles, patronage roles, etc.)

Anders bei den abhängig definierten Rollen (Nadel 1957: 80). Hier ist eine Beziehung zwischen den so definierten Rollen nicht nur möglich, sie ist sogar zwingend erforderlich. Es handelt sich um direkt relationale Rollen: Ein Freund ist nur durch die Beziehung zum anderen als Freund definiert. Ein Mann, der keine Kinder hat, ist kein Vater; ein Gruppenleiter in einem Unternehmen, kann zwar als Gruppenleiter bezahlt werden, ohne zugehörige Gruppe besitzt er nicht dieses Rollenattribut. Solche abhängig zueinander definierten Rollen können symmetrisch (Freund, Partnerschaft, Kommilitone, Eltern untereinander, Kinder untereinander usw.) oder asymmetrisch sein (Hierarchie, Autorität, Anweisungsstruktur, Eltern-Kind Beziehung und ähnliches).

Da Rollen immer in doppelter Weise konstituiert werden – sie werden von der Umwelt zugeschrieben, die Akteure handeln aber auch selbst danach – könnten natürlich solcherlei Rollen wirksam bleiben, auch wenn ein Teil der Durchsetzungskraft fehlt.[61] Beispielsweise ist vorstellbar, dass sich ältere Teilnehmer in einem Seminar an der Universität[62] wie ältere Personen oft auch sonst in der Gesellschaft verhalten: Sie fordern für sich Respekt, neigen dazu die Jüngeren zu belehren etc. Unabhängig von diesem konkreten Beispiel, soll mit diesem Argument lediglich angedeutet werden, dass Positionen, die zu den „recruitment roles" zählen und unabhängig definiert werden, auch dann wirksam sein können, wenn die Attribute nicht für alle im Sozialraum sichtbar sind und daher auch nicht positiv oder negativ sanktioniert werden.

Trotz dieser Einwände gehen wir zunächst einmal von einer Verringerung der Wirksamkeit äußerer Zuschreibungen aus. Während in einigen Gesellschaftsbereichen Rollenmuster in einem besonders engen Bandbereich festgelegt sind, beispielsweise erwartet man von einem Arzt, dass er sich für die Krankheiten seiner Patienten interessiert, finden sich in anderen Rollen keine so strikten Verhaltenserwartungen. Klare Grenzziehungen für Verhaltensmuster sind vor allem im ersten von Nadel genannten Bereich der recruitment roles zu finden. Die Abweichung von erprobten und allen bekannten Rollen wird von anderen wohl am ehesten registriert (Nadel 1957: 49).

Im Zusammenhang mit der Reziprozität von Rollen sind vor allem die abhängig definierten Rollen von Bedeutung. Nach der Auffassung von Boorman & White (1976: 1391) war die Idee der Reziprozität ein Hauptbeitrag, der die Rollentheorie voranbrachte und vor allem handelt es sich um eine explizit soziologische und keine psychologische Theorie. Die wichtigste Innovation war die Vorstellung, dass die eine Rolle die andere hervorbringt: Die Erwartungen eines Akteurs A erzeugen reziproke Erwartungen bei Ak-

---

[61] Aufgrund der Zuschreibung von Rollen durch die Umwelt, nicht nur allein in Gestalt der Interaktionspartner, ergibt sich für Individuen eine ganze Anzahl von Rollen-Identitäten. Diese unterschiedlichen Rollenidentitäten einer Person sind auf spezifische Weise miteinander verknüpft (näheres hierzu: McCall & Simmons 1974).
[62] Man denke etwa an die Universität des dritten Lebensalters.

teur B.[63] Erfüllt ein Akteur die mit der Rolle verbundenen Erwartungen nicht ausreichend, drohen ihm Sanktionen. Neben Kritik ist die häufigste und vielleicht auch die schlimmstmögliche Sanktion für einen der Partner der Beziehungsabbruch. Der Arzt, der die „Rollenerwartungen" des Patienten nicht erfüllt, wird in Zukunft nicht wieder aufgesucht. Kümmert sich der Verkäufer im Autohaus nicht ausreichend um den Kunden, wird dieser sein Fahrzeug in Zukunft bei einem anderen Händler erwerben.

Oft wird der Rollentheorie vorgeworfen, sie rechne mit einer zu großen Starrheit der Positionen mit dem dazu gehörenden Verhalten. Die beiden Beispiele weisen aber in eine andere Richtung: Zwar haben die Beteiligten sicher eine Vorstellung davon, was zu ihrer jeweiligen Rolle gehört. Die Vorstellungen und auch das Handeln als Folge davon treffen sich aber nicht.

Solche Rollen werden aber auch zu einem großen Anteil ausgehandelt. Neben der direkten Aushandlung zwischen den Beteiligten „von Ihnen als Arzt erwarte ich..."; „dies gehört nicht zu meinen ärztlichen Aufgaben", findet auch eine indirekte Anpassung statt. Verliert ein Autohaus viele Kunden, wird man sich möglicherweise fragen, ob dies an dem Verhalten der Verkäufer liegen könnte. In Schulungen wird dann den Verkäufern vermittelt, wie man sich die Erwartungen der Kunden vorstellt, und wie ein Händler damit am besten umgeht.

Während der Arzt und der Autohändler im Falle nicht erfüllter Rollenerwartungen leicht zu wechseln ist, bleibt man einer partnerschaftlich verbundenen Person in der Regel länger treu. Obgleich auch hier weitgehend geteilte gesellschaftliche Rollenerwartungen vorzufinden sind, zeigt sich doch eine erstaunliche Variabilität an Aufgabeneinteilungen. Dies weist ebenfalls auf die in Beziehungen auszuhandelnden Rollen hin. In „gleichberechtigten Partnerschaften" etwa findet man zunächst keine klaren Rollenzuweisungen. Damit ist ständiger Aushandlungsbedarf über regelmäßig anfallende Arbeiten gegeben (vergl. Hondrich 1997, Kaufmann 1994). Als Folge hiervon wiederum ergibt sich eine Statusunsicherheit. Erst wenn sich die Rollen der Partner klarer abzeichnen, kann der Aufwand für solche Aus-

---

[63] Allerdings kritisieren Boorman & White (1976: 1391) an der Rollentheorie, dass die Schlüsse hieraus nicht auf die Ebene der Sozialstruktur übertragen wurden: „The difficulty with reciprocity lies in the fact that it does not push the implications of either of these ideas to their natural conclusion on a social structural level, as we now proceed to do."

einandersetzungen reduziert werden. Dann haben sich Zuständigkeiten und damit eine Arbeitsteilung herausgebildet, die nicht nur den Alltag erleichtert, gleichzeitig aber auch zu einer gewissen reziproken Abhängigkeit führt.

Rollenerwartungen, so die aktuelle Theoriedebatte, gehören in einigen Teilen zu einer Art „Common Sense". Das bedeutet, dass jeder hiervon eine Vorstellung besitzt. Harrison White (1992) etwa beschreibt das Spiel der Kinder auf dem Spielplatz – die Kinder besitzen bereits geteilte Anschauungen von zu Positionen zugehörigem Verhalten. Allerdings darf dies nicht darüber hinwegtäuschen, dass die Rollentheorie wie sie von Nadel und anderen Vertretern dieser Richtung nicht die notwendige Flexibilität besitzt, um den ständigen Herausforderungen gerecht zu werden. Das bedeutet aber, dass es zwar allgemeine Anschauungen darüber gibt, was die Rolle eines Arztes beispielsweise angeht, und dennoch ist jedes konkrete Verhältnis zu jedem seiner Patienten eines, was unter Berücksichtigung der Eigenheiten und der Anschauungen der Beteiligten ausgehandelt wurde. Dieses Paradox, dass jede Relation sich von der nächsten unterscheidet, weil sie von Personen mit unterschiedlichen Identitäten ausgehandelt wurden, und dem Common Sense wurde von DiMaggio (1992: 119) als „Nadels Paradox" bezeichnet. Das, was zunächst als Paradox erscheint, wird etwas klarer, wenn man sich vergegenwärtigt, dass solche Rollenerwartungen zu einem System an Symbolen, Verhaltenserwartungen, ja wie schon gesagt zu einem Common Sense gehören. Solche allgemeinen Wissensbestände können als Grundbestandteile der Kultur angesehen werden. Sie werden darum dem „Cultural Toolkit" (Swidler 1986; 2001) zugeordnet. Auf diesen Werkzeugkasten haben alle Beteiligten Zugriff und sie verstehen auch die darin enthaltenen Werkzeuge. Hierdurch können die Beziehungen wechselnden Anforderungen angepasst werden, ohne dass die Identität der Beteiligten und der Rollenbeziehung verloren geht.

6 Reziprozität der Perspektiven

Der Begriff „Reziprozität der Perspektiven" findet sich erstmals bei Theodor Litt (1926). Die Reziprozität der Perspektiven ist eng mit der Rollenreziprozität verwandt. Gemeint ist damit, dass der Einzelne sich in die Rolle des anderen hineinversetzen kann, seinen Standpunkt einnehmen kann: Der Einzelne übernimmt in Gedanken die Rolle, die Perspektive des anderen. Diese Perspektivenübernahme ist, so Mead (1973: 300f, erstmals 1934) von unmittelbarer Bedeutung für die Entstehung der kooperativen Gesellschaft.[64] Mittels der Perspektivenübernahme könne der Einzelne seine Reaktion auf den anderen kontrollieren. Dabei geht es nicht nur darum, Erwartungen an das Handeln, an die Reaktion des anderen zu richten. Letztlich handelt es sich um eine selbstreflexive Perspektive, nämlich hinsichtlich der Frage, wie der andere einen selbst wahrnimmt, welche Handlungen dieser von einem selbst erwartet. Die Nähe zur Rollenreziprozität ergibt sich dadurch, dass hierbei permanent mit Typisierungen gearbeitet wird (Berger & Luckmann 1977: 33). Als Patient erwartet man vom Arzt, dass dieser anlässlich eines Besuches in der Sprechstunde die Schilderung von Krankheitssymptomen erwartet. Der Patient vermutet, dass der Arzt den Bericht benö-

---

[64] Hans Joas (1992: 251f) äußert sich über die Reziprozität von Verhaltenserwartungen und schließt damit an Mead an: „Die unbestreitbar wichtigste Quelle für die Entstehung und Entwicklung der Rollentheorie ist das Werk George Herbert Meads. Dieser führt die Begriffe „Rolle" und „Rollenübernahme" im Rahmen einer anthropologischen Theorie spezifisch menschlicher Kommunikationsweisen ein. Menschliche Kommunikation ist tierischen Formen nach Mead grundsätzlich dadurch überlegen, dass sie mit dem Mittel „signifikanter Symbole" arbeitet. Damit ist gemeint, dass der Mensch imstande ist, auf die von ihm selbst hervorgebrachten Gebärden und Äußerungen selbst zu reagieren, und zwar in einer antizipatorischen und damit das mögliche Antwortverhalten des Handlungspartners innerlich repräsentierenden Weise. Damit ist aber das eigene Verhalten an potentiellen Reaktionen von Partnern ausrichtbar. Da der Partner prinzipiell über dieselbe Fähigkeit verfügt, wird ein gemeinsames, kollektives Handeln möglich, das an einem gemeinsam verbindlichen Muster wechselseitiger Verhaltenserwartungen orientiert ist. Mead glaubt mit seiner Kommunikationstheorie den Grundzug menschlicher Sozialität freigelegt zu haben."

tigt, um seine Diagnose stellen zu können. Zudem weiß der Patient schon aus Erfahrung, dass der Arzt, sofern der Kranke nicht schon von selbst über seine Beschwerden berichtet, für gewöhnlich danach fragt. Auf der anderen Seite rechnet der Arzt damit, dass der Patient selbst nach den Symptomen befragt werden möchte. Selbst wenn die Diagnose auch ohne die Antworten des Patienten klar erscheint, wird der Arzt daher nicht auf die Befragung verzichten. Eine solche Rollen-Typisierung wird gewöhnlich von allen Seiten vorgenommen (nicht nur der Arzt und der Patient teilen die geschilderten Erwartungen an das Anamnesegespräch – auch die Außenstehenden, etwa die Sprechstundenhilfe oder Zuhörer, wenn der Patient bei anderen über seine Erfahrung beim Arzt berichtet).[65]

Reziprozität der Perspektive ist eng mit zwei Gebieten der Soziologie, zum einen der Wissenssoziologie und zum anderen der Formalen Soziologie verknüpft. Hinsichtlich der Formalen Soziologie ist die Behandlung der damit im Zusammenhang stehenden Fragen bedeutsam, denn in diesem Buch wird immer wieder an die Argumentation der Formalen Soziologie angeknüpft. Die Reziprozität der Perspektive ist eine Voraussetzung für gelungene direkte Reziprozität. Im Mittelpunkt des Perspektivenreziprozitätsbegriffes steht die Frage, welche Umstände zusammenkommen müssen, damit Verständigung überhaupt erst möglich wird. Verständigung ist in vielfältiger Weise von Wissen abhängig. Denn das für Verständigung zentrale Wissen nutzt nichts, solange nur einer der mindestens zwei Kommunikationspartner darüber verfügt. Der Witz am Konzept der Reziprozität der Perspektiven ist, dass dieses Wissen bei beiden vorausgesetzt wird.

Man kann, um das Konzept genauer zu verstehen, Wissensarten kategorisieren. So findet sich beispielsweise Handlungswissen, welches dazu benötigt wird, um Anweisungen zu befolgen. Zwar ist auch hierfür ein gewisses Kontextwissen notwendig, hinsichtlich der Reziprozität der Perspektiven ist aber viel weiter reichendes Wissen erforderlich.

Neben den Wurzeln in der Formalen Soziologie finden sich Grundlagen auch bei der Kulturanthropologie (vergl. DeFolter 1983).

---

[65] Solche Typenfestlegungen führen oft zur Herausbildung von Vorurteilen: Man betrachtet den anderen unter einer Perspektive als Ausländer, als Arbeiter, als Säufer etc. Sofern der andere sich dieser Zuschreibung bewusst ist, wird er sich entsprechend verhalten.

Der Begriff der Reziprozität der Perspektive ist unmittelbar mit dem Verstehen verknüpft: So definierte Dilthey Verstehen als das sich Hineinversetzen in die Haltungen anderer.

Der Frage, wie Verständigung überhaupt erst möglich werden kann, geht Litt (1919)[66] vor dem Hintergrund von Überlegungen zum Verhältnis zwischen Individuum und Gemeinschaft nach. Er fragt dabei, wie das Individuum, welches tatsächlich mit all seinen Eigenheiten nur ein einziges Mal anzutreffen ist, dazu kommt, sich überhaupt verständlich machen zu können. Das einzelne Seelenleben sei so komplex, dass es einer Vereinfachung der Äußerungen (vorzugsweise der sprachlichen Äußerungen) bedarf, um überhaupt mitteilbar zu sein[67]. Bei diesem Kundgebungsakt, der nicht lediglich eine verarmte Umformung des Inneren eines Individuums ist, sondern auch „eine persönliche Leistung, ein Schaffen von innen heraus, nicht ein bloßes Hinausreichen aus der inneren Sphäre" (1919: 19). Das Verstehen der Kundgebung beim jeweiligen Partner besteht nun aus verschiedenen Leistungen:

> „Das Verstehen des formulierten Sachgehalts seiner >reinen Bedeutung< nach, das ist allerdings für alle, die überhaupt der Sprache mächtig sind, eine durchaus unpersönliche Sache, denn es ist ein Allgemeingültiges und Gesetzliches, was in Gestalt eines korrekt gebildeten sprachlichen Satzes verstanden werden soll. Es muss aber mit allem Nachruck betont werden, das diese Art des Verstehens ganz und gar unzureichend ist, einem gesellschaftlichen Zusammenhang als Vermittlung zu dienen. Denn verstehen soll und muss ich, um mit und in der Gesellschaft leben zu können, nicht nur den sachlichen Sinn der Ausdrücke, Sätze, Mitteilungen, die mir zukommen, sondern vor al-

---

[66] Theodor Litt ging es in seiner kurz nach dem ersten Weltkrieg verfassten Schrift vor allem darum, zu erklären, wie es dazu kommen konnte, dass ein Großteil der Bevölkerung angesichts des Grauens und des in allen Völkern offensichtlich sichtbaren Friedenswunsches, dem Kampf kein Ende gesetzt werden konnte. Warum ging der Krieg weiter, so fragt er, aufgrund des Willens der Völker oder der Hartnäckigkeit einzelner. In Auseinandersetzung mit den holistischen Ideen und denen des Individualismus folgt er bei seiner Erklärung weitestgehend dem Weg der Formalen Soziologie Simmels. Allerdings erscheint ihm die Idee der Wechselwirkung noch immer als zu eng, um das Verwobensein des Individuums (bzw. seine gesellschaftliche Konstitution) mit der Gesellschaft ausreichend erklären zu können.
[67] Die Argumentation von Litt erinnert hier sehr stark an das, was vorne bereits als „Nadels Paradox" (DiMaggio 1986) bezeichnet wurde – eine sehr wichtige Frage hinsichtlich der Verknüpfung von Mikro-, bzw. Meso- und Makroebene der Gesellschaft.

lem die Menschen selbst, die alles dies aus sich heraussetzen: Verstehen muss ich das lebendige Ineinander, das sich im Nebeneinander der Äußerungen zerfächert. Ich muss also von dem, was in dem formulierten Sachgehalt an seelischem Leben verloren gehen musste, etwas wieder zu gewinnen suchen, um durch die erstarrte Form hindurch den ganzen lebendigen Menschen, der dahinter steht, zu erfassen suchen" (Litt 1919: 20f).

Für Litt bedeutet die Reziprozität der Perspektiven das gesellschaftliche Urphänomen, welches sich in allen Konkretisierungen der Gesellschaft zeigt. Litt sieht perspektivische Reziprozität in die Erlebnismomente einzelner Individuen eingebunden; und dies hinsichtlich einer Raumgliederung (nebeneinander) und einer zeitlichen Gliederung (nacheinander). Das Erleben des Einzelnen erscheint dadurch in durchgreifenden Wechselbezügen mit dem Erleben anderer verschränkt (vergl. DeFolter 1983: 158).

Neben diesem Bezug auf die Verschränktheit der Perspektiven einzelner, spricht er aber auch von Reziprozität der Perspektiven in Bezug auf verschiedene Subjekte. Die Perspektiven sind dabei nicht gleichartig, sondern sie bestimmen sich wechselseitig und sind miteinander verschränkt, sie leben quasi in allen Subjekten.

Mit der Überlegung der Verschränkung der Perspektiven kritisiert er alle individualistischen Überlegungen, bei denen die einzelnen Elemente relativ für sich bleiben (unverbunden nach und nebeneinander stehen): Er zielt dabei explizit auf Wechselwirkungen, wobei ihm Simmels Überlegungen immer noch zu sehr im gesellschaftlichen Atomismus begründet zu sein scheinen (Litt 1926).

Etwas genauer arbeitet Schütz (1971) das Wesen der Reziprozität der Perspektiven heraus. Er weist darauf hin (1971: 12), dass wir es als quasi selbstverständlich hinnehmen, dass es intelligente Mitmenschen gibt: Hiermit ist impliziert, dass die Gegenstände dieser Welt dem Wissen der Mitmenschen bekannt oder erkennbar sind. Andererseits sei auch jedem klar, dass ein und derselbe Gegenstand für jeden etwas anderes bedeutet.

Um diesen Unterschied zu markieren, arbeitet er a.) mit dem Distanzbegriff: Ich stehe in einer anderen Distanz zu den Gegenständen, als er dort – aus diesem Grunde sind bestimmte Gegenstände auch nicht in meiner Reichweite (etwa Sehen, Hören, Gebrauchen). Diese Gegenstände mögen jedoch innerhalb der Erreichbarkeit des anderen liegen. Den zweiten Unterschied b.) sieht er in der Differenz zwischen meiner biographischen Situation, die sich von der meiner Mitmenschen unterscheidet. Auf diesen Unterschied gründen sich auch verschiedene Relevanzsysteme.

So weit verpflichtet sich Schütz noch einer individualistischen Perspektive. Diese wird aber durch die beiden grundlegenden Idealisierungen überwunden:

1. Die Idealisierung der Vertauschbarkeit der Standorte: Würde man den Platz eines Mitmenschen einnehmen, stünde man in derselben Distanz zu den Dingen und sehe sie in denselben typischen Aspekten wie er. Außerdem würden dieselben Dinge in die Reichweite kommen, die vom Platz den anderen aus erreichbar sind.

2. Die Idealisierung der Kongruenz der Relevanzsysteme: Es ist uns selbstverständlich, dass die Verschiedenheit der biographischen Situation, die den Ursprung der Verschiedenartigkeit der Standorte darstellt, für die momentanen Absichten jedes Einzelnen irrelevant ist.

Die beiden genannten Idealisierungen, die Kongruenz der Relevanzsysteme und die Vertauschbarkeit der Standorte konstituieren zusammen, bei Schütz (1971: 12) die Generalthese der reziproken Perspektiven:

„Die Generalthese der reziproken Perspektiven führt also dazu, dass Gegenstände mit samt ihren Aspekten, die mir tatsächlich und dir potentiell bekannt sind, als Gegenstände im Bereich des Wissens von jedermann erfasst werden. Dieses Wissen ist objektiv und anonym, das heißt, es ist abgelöst und unabhängig von meiner und meiner Mitmenschen Definition der Situation, von unseren einzigartigen biographischen Vorgegebenheiten und unseren wirklichen und möglichen Zielen, die uns mit unseren jeweiligen Biographien verfügbar sind."

Es wird von den Mitmenschen erwartet, dass diese unser Relevanzsystem teilen, dass diese über das Wissen um unsere Lebensweisen, wie man sich in verschiedenen Situationen verhält, was „normales" Verhalten ist, etc. verfügen (Schütz 1971: 14). Der Ursprung dieses Wissens ist sozial, er beruht nach Schütz nur zum kleinsten Teil auf eigenen Erfahrungen, zumeist wird er sozial vermittelt, und zwar von allen Personen, mit denen man in Kontakt steht: Eltern, Lehrer, Geschwister, Nachbarn, aber auch zufällige Kontakte.

Beim erlangten Wissen handelt es sich weitreichend um Typisierungen[68] und Generalisierungen.

Obgleich Husserl nicht den Ausdruck der „Reziprozität der Perspektiven" verwendet, spielt der Inhalt dieser These bei ihm eine wichtige Rolle hinsichtlich der Konstitution des intersubjektiv identischen Dinges und der intersubjektiv identischen Welt (DeFolter 1983: 161). Husserl argumentiert dabei ganz ähnlich, wenn er vom eigenen Leib als Zentrum des Nullpunktes in einem Koordinatensystem ausgeht.

„Intersubjektiv Identisches kann sich dann herausstellen, wenn Subjekte dasselbe Orientierungssystem haben. Die These der Reziprozität der Perspektive ist nun die Annahme, dass Subjekte durch die Möglichkeit des Austausches, durch Platzwechsel von demselben Ding an derselben Raumstelle „dieselben" Erscheinungen haben" (DeFolter 1983: 161f).

Auch der symbolische Interaktionismus argumentiert mit der Reziprozität der Perspektive. Kommunikation ist von diesem Standpunkt aus ein ständiges wechselseitiges Orientieren der Kommunikationspartner. Durch die Symbolverwendung zum Zweck der Kommunikation setzen wir uns in die Perspektive des anderen und übernehmen gedanklich seine Rolle. Aus dieser Perspektivenübernahme resultiert die Erwartung bestimmter Erwartungen: Wie wir uns verhalten, was wir wie mitteilen, kann also als ein Ergebnis der Reziprozität der Perspektive angesehen werden. Der Erwartungsfilter integriert die jeweiligen Beziehungen – die Position des Gegenübers und die eigene Position bestimmen, auf welche Weise man sich verhält, wie man miteinander umgeht.

Insofern ist die Reziprozität der Perspektive durchaus an die Interpretation von Reziprozitätsphänomenen als beziehungsgesteuerte bzw. beziehungshervorbringende Mechanismen anschlussfähig.

Inwieweit die Deutungen tatsächlich denen der Anderen entsprechen, zeigt sich an deren Reaktion. Obgleich die Gültigkeit der Gegenseitigkeit der

---

[68] Schütz (1971: 16) „Das typisierende Medium *par excellence* sind Wortschatz und Syntax der Alltagssprache, in der sozial abgeleitetes Wissen vermittelt wird. Die Umgangssprache des Alltags ist vor allem eine Sprache benannter Dinge und Ereignisse: Jeder Name umfasst eine Typisierung und Generalisierung, die auf ein in der sprachlichen Eigengruppe vorherrschendes Relevanzsystem verweise, eine Gruppe, für die das benannte Ding wichtig genug war, es mit einem besonderen Wort zu belegen."

Perspektiven ständig individuell erlebt werden kann,[69] handelt es sich dennoch um eine überindividuell gültige Perspektive, die neben dem gesellschaftlich vermittelten Wissen, explizit Beziehungen thematisiert: Mit Standort und den erreichbaren Dingen sind neben materiellen Aspekten vor allem Beziehungsaspekte gemeint. Daneben muss, um interindividuelle Deutbarkeit herzustellen, mit Typisierungen gearbeitet werden. Solche Typisierungen beinhalten auch typische Verhaltenserwartungen und diese führen damit in die Nähe dessen, was in der Formalsoziologie als Rollenerwartung beschrieben wird. Nimmt man die Standortvertauschung hinzu, findet sich hierin eine der wissenssoziologischen Grundlagen der Rollenreziprozität, wie sie im vorangehenden Kapitel beschrieben wird.

Aber nicht nur das, die Reziprozität der Perspektive ist die Erklärung für das Einfühlen in andere.[70] Wenn es also darum geht, Erklärungen dafür bereitzuhalten, warum jemand für andere Unterstützung leistet, selbst, wenn er in gar keiner direkten Beziehung zu diesen anderen steht, dann kommt die Reziprozität der Perspektive ins Spiel.

Werden etwa in den Medien Berichte und Bilder über Naturkatastrophen, Hungersnöte, Unfälle verbreitet, regt sich das Bedürfnis, den Betroffenen in irgend einer Form Hilfe zukommen zu lassen. Dieses Bedürfnis lässt sich weder individualistisch nach Gesichtspunkten der Nutzenmaximierung erklären, noch mit den Mustern, welche die Soziobiologie bereithält, um Reziprozitätsphänomene verständlich zu machen. Die offensichtlich einzige Möglichkeit, solches Handeln nachvollziehbar und erklärbar zu machen, ist die Reziprozität der Perspektive: Ich kann mich in den Mann einfühlen, der durch die Überschwemmung gerade sein Haus verlor. Ich setze mich gedanklich an seine Stelle und bin dadurch in der Lage mitzuleiden. Dieses Mitleiden ist zwar ein Gefühl, was individuell erlebt wird, es erhält jedoch oft Stützung durch Beziehungen, etwa wenn die Katastrophe in einem anderen Zusammenhang thematisiert wird.

Das Voraugenführen der scheinbar ausweglosen Situation der Hilfebedürftigen und möglicherweise auch die Überlegung, wie man an ihrer Stelle

---

[69] Leider argumentiert Schütz trotz der Idealisierungen weitestgehend vom individuellen Standpunkt aus.
[70] Ob diese Einfühlung korrekt ist, kann allerdings in vielen Fällen, etwa wenn es um anonyme Spenden geht, nicht an der Reaktion der anderen überprüft werden, denn es findet kein direkter Kontakt mit den Empfängern statt.

reagieren würde, evoziert die Spendenbereitschaft, völlig ohne Gegenleistung durch andere.

Obgleich Überlegungen zur Reziprozität der Perspektiven nun schon so alt (zuerst Litt 1919) sind, scheinen diese von der Soziobiologie und der empirischen Wirtschaftsforschung mit ihren spieltheoretischen Experimenten erst in jüngster Zeit entdeckt zu werden, freilich ohne auf die Vorläufer in der Soziologie zurückzugreifen. Im sogenannten „Ultimatum-Spiel", bei dem ein Spieler eine bestimmte Summe Geldes zum Aufteilen mit einem anderen Spieler zur Verfügung steht, kann mit den gängigen individualistischen Annahmen vom gewinnmaximierenden Egoisten nicht erklärt werden, warum der Spieler, der nach Spielplan die Aufteilung vornehmen darf, zumeist einen „fairen" Betrag anbietet. Die beiden Spieler treffen sich nur ein einziges Mal und, wenn der zweite Spieler den angebotenen Betrag für zu gering erachtet, kann er ihn zurückweisen, allerdings mit der Folge, dass beide Spieler ganz ohne Geld dastehen. Da diese Verhaltensweise nicht mit purem Eigennutz zu erklären ist, werden andere Erklärungen gesucht: Emotionale Grundlagen, etwa „soziale Gefühle" oder auch das sich Hineinversetzen in den anderen (Sigmund et al. 2002). Letzteres ist aber nichts anderes als eine Wiederentdeckung einer der Grundlagen der Soziologie,[71] jetzt aber durch andere Disziplinen, die von der empirischen Wirtschaftsforschung über Verhaltenspsychologie bis zur Soziobiologie reichen.

Die Theorie der Reziprozität der Perspektiven leistet noch mehr: Im Gegensatz zu den Verhaltensexperimenten der Soziobiologen kann sie erklären, warum Menschen in Situationen, in denen andere hilfsbedürftig sind, auch Bereitschaft zeigen, anonym zu helfen, ohne davon persönlich zu profitieren und auch ohne davon als Gruppe Vorteile genießen zu können.

---

[71] Man kann argumentieren, dass bereits Max Webers verstehende Soziologie die Reziprozität der Perspektiven, zumindest implizit, beinhaltet. Und, wenn man weiß, dass Teile von Webers Überlegungen auf einer Auseinandersetzung mit Kant beruhen, dann liegt es nahe zu vermuten, dass Webers Idee des Perspektivenwechsels von Kants kategorischem Imperativ beeinflusst wurde. Auch die individualistische Sichtweise von Kant und später die von Weber kommt hierin zum Ausdruck: „Der kategorische Imperativ ist also nur ein einziger, und zwar dieser: Handle nur nach derjenigen Maxime, durch die du zugleich wollen kannst, dass sie ein allgemeines Gesetz werde" (Kant 2001: 28143).

7 Eine Soziologie sozialer Beziehungen

Das, was wir als Reziprozität bezeichnen, ist zwar ein grundlegendes Verhaltensprinzip, wie wir gesehen haben, bleibt es ohne die Beziehungsdimension blutleer. Reziprozität als Konzept ist ohne eine Betrachtung der Beziehungen innerhalb derer es sich abspielt, sinnlos, denn erst im Zusammenspiel mit den sozialen Beziehungen ist es in der Lage, Erklärungen für Verhalten beizusteuern. Was Überlegungen zu Reziprozität bislang oft vermissen ließen, ist eine simultane Betrachtung im Zusammenhang mit den Beziehungen, innerhalb derer sie sich abspielt. Eine Beziehungssoziologie, die den Fokus auf formale Aspekte von sozialen Beziehungen einstellt, kann daher als besonders angemessen für die Analyse von Reziprozitätsprozessen gelten. Die Literatur zur Reziprozität behandelt diese entweder als einen individualistischen Austausch, bei dem sich das Verhalten der Partner an Nützlichkeitsinteressen orientiert oder, so das andere Extrem, als ein universalistisch anwendbares gesamtgesellschaftliches Totalphänomen, das alle gesellschaftlichen Bereiche durchdringt und in seiner Wirksamkeit sogar weit über allgemeingültige Normen hinausreicht.

Der Begriff Reziprozität selbst erscheint so vielfältig und dabei so uneindeutig, dass eine Abhandlung zu diesem Thema geradezu nach dem Versuch einer Einordnung und einer Erklärung schreit!

Die Formale Soziologie kann, so lautet das in dieser Arbeit explizierte Kredo, als Richtschnur zur Systematisierung und Erklärung der unterschiedlichen Reziprozitätsphänomene herangezogen werden. Obgleich Individuen natürlich auch Interessen zugeschrieben werden können, kann eine individualistische Erklärung wohl kaum die Gleichförmigkeit der unterschiedlichen Tauschmodi erklären. In der Formalen Soziologie versucht man genau solche Gleichförmigkeiten zu erklären.

Darum folgt nun anschließend eine (knappe) Einführung in die Formale Soziologie.[72]

7.1 Soziologie der Formen

Als Simmels bedeutendste Leistung kann die Entwicklung der Formalen Soziologie gelten. Georg Simmel wendet sich darin gegen individualistische Handlungstheorien. Viel wichtiger sind ihm soziale Beziehungen, also alles, was sich zwischen den Individuen abspielt, und diese beschreibt er als „Formen[73] der Wechselwirkung".[74] Leider wird Simmel heute immer noch eher als ideenreicher Essayist, denn als grundlegender Theoretiker angesehen.

Zum Teil liegt dies sicher daran, dass sein Interesse vielfach gerade als selbstverständlich erscheinenden Phänomenen und Prozessen galt. Da wir alle in gesellschaftlichen Zusammenhängen leben, sind uns viele Zusammenhänge „in Fleisch und Blut" übergegangen, sie erscheinen uns als so selbstverständlich, dass wir eine gewisse „Betriebsblindheit" entwickelt haben. Für das Problem einer angemessenen Wahrnehmung seines Hauptbeitrages zu Soziologie nennt Simmel selbst die vielleicht wichtigste und bis dato noch immer gültige Ursache für das Desinteresse an formalen Konzepten:

> „Was viele von uns vielleicht theoretisch gewusst haben: Dass in der Existenz des Individuums nur ein beschränkter Teil wirklich individueller, auf sich selbst ruhender Besitz ist – das gewinnt in der ruhigen Alltäglichkeit kein entschiedenes Bewusstsein, weil in ihr nur das, was die Menschen voneinander *unterscheidet*, von praktischem Interesse und Wirksamkeit ist." (Simmel 1917b, Hervorhebung im Original, siehe auch Simmel 1890, zitiert nach 1989: 137).

---

[72] In diesem Abschnitt wird teilweise in stark überarbeiteter Form auf das Buch „Grenzen virtueller Gemeinschaft", welches vom Autor verfasst wurde, zurückgegriffen.
[73] Dies ist der Ursprung des Terms „Formale Soziologie."
[74] Es finden sich sogar Soziologen, die an Simmels Wechselwirkung den Begriff der Interaktion und damit auch den der Reziprozität knüpfen: „The defining characteristic of interaction is *reciprocity* of effect: A acts on B and in turn responds to B's reaction to him. Interactions differ with respect to the degree of symmetry of such reciprocity, but it is always here to some extent. All human interactions should be viewed as kinds of *exchange*." (Levine et al 1976: 823)

Fortwährendes Interesse ist gebunden an Verschiedenartigkeiten, so Simmel. Man könnte anschließen, dass es vor allem Neuigkeiten, Abweichungen und Besonderheiten einzelner Personen oder Sachverhalte sind, welche die Aufmerksamkeit der Menschen bindet. Das Alltägliche hingegen, tritt den Beteiligten oftmals gar nicht ins Bewusstsein.[75]

Obgleich Simmel sich vielfach durch Inkonsistenz hinsichtlich des Gebrauchs der Begriffe „Form" und „Inhalt" auszeichnet, ist sein zentrales Interesse, ja seine Begründung der Soziologie, in bewusster Abgrenzung zu anderen Geisteswissenschaften mit den Formen der Wechselwirkung verbunden. Simmel interessieren die Inhalte, die Materie der Vergesellschaftung lediglich als „*Induktionsmaterial zur Auffindung zeitloser Gesetzlichkeiten*" (1908, zitiert nach 1992: 26). Alles individuelle, was sich unter Handlungsmotivation des Einzelnen, also unter „Zweck" fassen lässt, gehört in diese Kategorie: historische Wirklichkeit an einem konkreten Ort, Trieb, Interesse, Zweck, Neigung, psychische Zuständlichkeit (S. 18 a.a.O). Zwar lässt sich in der aktuellen sozialen Erscheinung Inhalt und gesellschaftliche Form nicht trennen, sie bilden vielmehr eine Einheit, um aber aus diesem Komplex die Wissenschaft der „Soziologie" werden zu lassen, so Simmels Auffassung, ist beides in der wissenschaftlichen Abstraktion auseinander zu nehmen. Um Gesetzmäßigkeiten ableiten zu können, muss es sich finden, *„dass die gleiche Form der Vergesellschaftung an ganz verschiedenem Inhalt, für ganz verschiedene Zwecke auftritt"* (a.a.O S.21). Zunächst entsteht zwar die Form aus den Handlungen Einzelner.[76] Hat sich die Form aber erst einmal etabliert, gewinnt sie Oberhand, sie dominiert die Inhalte, die eigentlichen Handlungsmotive der Akteure. Die Form ist sogar dann noch präsent, wenn Motive, (in Webers Terminologie) der subjektive Sinn, nicht erkennbar sind. Simmel sucht etwa in dem Bändchen „Grundfragen der Soziologie" (1917a: 54) nach den Formen der Wechselwirkung dort, wo sie ohne Überlagerung von Zwecksetz-

---

[75] Ein Beispiel hierfür ist die „Betriebsblindheit", von der langjährige Organisationsmitglieder geschlagen sind. Kulturelle Absonderlichkeiten werden von diesem Personenkreis nicht mehr wahrgenommen und harren der „Entdeckung" durch Externe oder (für einen kurzen Zeitraum) durch neue Organisationsmitglieder.

[76] Hierin findet sich eine Konvergenz zum methodologischen Individualismus, dessen zentrale Rekonstruktionsthese behauptet, dass Kollektivbegriffe immer individualistisch rekonstruierbar sein müssten (vergl. Opp 1979; Kunz 1997).

zungen, aber auch bar anderer unmittelbar einleuchtender Formen, etwa Hierarchien, scheinbar am reinsten zu erwarten ist, bei der Geselligkeit.

„Die staatliche, die wirtschaftende, die durch irgendeinen Zweckgedanken zusammengehaltene Gesellschaft ist doch durchaus „Gesellschaft". Aber nur die gesellige ist eben „eine Gesellschaft" ohne weiteren Zusatz, weil sie die reine, prinzipiell über jeden spezifischen Inhalt erhobene Form all jener einseitig charakterisierten „Gesellschaften" in einem gleichsam abstrakten, alle Inhalte in das bloße Spiel der Form auflösenden Bilde darstellt."

Die Geselligkeit kann also auf individuelle Zwecksetzungen, außerhalb ihres eigentlichen Zwecks, nämlich des Beisammenseins verzichten. Daraus ist zu schließen, dass sich die Handlungen keineswegs aus den Motiven der Beteiligten erklären lassen.

Betrachtet man mit Simmel nicht den Inhalt, sondern die Form, so ergeben sich damit für die Analyse von Reziprozitätsprozessen wichtige Konsequenzen. Das, was zahlreiche Austauschtheoretiker, insbesondere diejenigen, die in einer individualistischen Theorietradition argumentieren, als zentral für die Motivation, für das Zustandekommen von Austausch ansehen, spielt aus formaler Blickrichtung fast keine Rolle. Nicht der Zweck, nicht das Tauschgut steht im Mittelpunkt, sondern die Art und Weise des Tausches und das, was an den Tausch gekoppelt ist, an Entwicklung und Dynamik in der Beziehung. Zahlreiche illustrierende Beispiele hierfür wurden bereits genannt, in denen es nicht auf den Austauschgegenstand selbst ankommt.

Der Individualismus stellt den einzelnen Akteur in den Mittelpunkt seiner Überlegungen – bei Simmel hingegen erklärt sich das Individuum aus dem Produkt seiner sozialen Beziehungen. Dieses Konstrukt kann zwar auch als Hinweis auf Individualisierung gesehen werden, denn die sozialen Kreise, in denen sich das Individuum bewegt, werden wohl kaum für zwei Personen genau gleich sein. Simmel kommt es aber gar nicht auf das Individuum an, es spielt keine herausragende Rolle. Das, was den Einzelnen als soziales Wesen ausmacht, ist jeweils von seiner Beziehungsstruktur abhängig. Eines von vielen eindringlichen Beispielen wird in dem Kapitel „Über die quantitative Bestimmtheit der Gruppe" in Simmels „Soziologie" (Simmel 1908, zitiert nach 1992: ab S. 63) abgehandelt. Das einfachste Beispiel ist auch das, in dem die Form der direkten Reziprozität zum Ausdruck kommt, nämlich in der Dyade. Simmel (a.a.O. S. 109) schreibt wörtlich:

„Es scheint, als ob die moderne Kultur, indem sie den Charakter der einzelnen Ehe immer mehr individualisiert, doch die Überindividualität, die den Kern ihrer soziologischen Form bildet, ganz unberührt lässt, ja, in mancher Hinsicht steigert."

Während jeder einzelne in einer Zweierbeziehung als Person gefordert ist, und der Austritt eines einzelnen Mitgliedes dieses soziale Gebilde zerstören würde, ändert sich die Struktur bereits durch das Hinzutreten eines einzelnen anderen rigoros. Nicht nur ist das Gebilde selbst nun stabiler, auch überlebt es den Austritt eines seiner Teile. Obgleich diese Einheit aus lediglich drei Personen besteht, kann die innere Struktur der Beziehungen bereits eine ganze Anzahl an unterschiedlichen Merkmalen aufweisen: Parteibildung wird möglich; einer kann die Position des Unparteiischen oder des Vermittlers zwischen den beiden Streitenden einnehmen, Schiedsrichter sein oder als lachender Dritter die beiden anderen gegeneinander ausspielen. Zwei Parteien können um die Gunst des Dritten konkurrieren, wobei die hervorgehobene Position des Dritten nur so lange Bestand hat, wie die beiden anderen miteinander konkurrieren. Auch ist eine Konstellation nach dem Muster >Teile und Herrsche< möglich. All diese Verhaltensoptionen ergeben sich allein aus der Mitgliederzahl dieses sozialen Gebildes selbst. Ein individuelles Wollen oder ein Zweck-Mittel-Schema kann diese Verhaltensoptionen und Restriktionen nicht erklären. Damit wird auch klar, dass dem sozialen Gebilde emergente Eigenschaften zukommen, die sich nicht aus der schlichten Addition der Merkmale ihrer Mitglieder ergeben.[77] Begrenzungen und Optionen erschließen sich zu einem Gutteil allein aus der Größe der sozialen Formation.

---

[77] Simmel betrachtet beispielsweise die Benennung der Zunftvorsteher bei den Wollwebern in Frankfurt. Obgleich sich der Vorstand aus den hervorragendsten Einzelpersönlichkeiten unter den Webern zusammensetzte, hießen diese „die Sechse." Simmel schreibt hierzu (1908, zitiert nach 1992: 84) „Die Voraussetzung dafür scheint mir, dass mit einer Zahl, etwa mit sechs, ja nicht 6 einzelne, isoliert nebeneinander stehende Elemente gemeint sind, sondern eine Synthese dieser; sechs ist nicht 1 und 1 und 1 usw., sondern ein neuer Begriff, der sich aus dem Zusammenkommen dieser Elemente ergibt und nicht pro rata in jedem derselben für sich realisiert ist."

Ein Beispiel, an dem sich dies zeigt, ist die im Abschnitt zur Balance-Theorie angeführte über dritte vermittelte Reziprozität (siehe S. 86f). Bestimmte Beziehungsmerkmale, etwa die Anrede, wird über einen Dritten übertragen. Vertrauen, in begrenztem Umfang auch Hilfeleistungen (Mitnehmen auf dem Nachhauseweg nach Partys etwa), werden entlang dieser Linie erbracht.

Mehr noch, die Einzelnen treten in zahlreichen gemeinschaftlichen Konstellationen auf, die wiederum als typische Formationen bezeichnet werden können. Die meisten der nach dem Tod meiner Großeltern bei meinen Eltern eingetroffenen Beileidskarten waren nicht mit der Unterschrift eines Einzelnen versehen, dies kam fast ausschließlich bei Alleinstehenden vor. Fast immer wurden die Kondolenzkarten mit der Floskel „wünscht Familie ..." unterschrieben. In ähnlicher Weise werden auch Glückwünsche, etwa bei Hochzeiten oder runden Geburtstagen schriftlich nicht einzelnen zurechenbar übermittelt.[78]

Ein Merkmal von türkischen Hochzeiten ist, dass im Vergleich zu deutschen Hochzeiten sehr viel mehr Gäste eingeladen werden. Kommen auf eine solche Feier 500 Gäste, dann handelt es sich noch nicht einmal um eine große Hochzeit. Die in Deutschland stattfindenden Hochzeiten sind festgelegt auf die Monate, in denen die meisten Gäste auch anwesend sein können. Eine längere Zeit im Sommer fällt also für die Terminierung aus und auch der Winter ist nicht so gut geeignet. Das bedeutet, dass viele sich Vermählende auf die Monate dazwischen ausweichen. Dies wiederum hat zur Folge, dass es in dieser Zeit kaum ein Wochenende gibt, an dem sich nicht mehrere Paare aus der Verwandtschaft und dem Freundeskreis trauen lassen. Ein potentieller Gast ist also öfters gezwungen, mehrere Hochzeiten an

---

[78] Solche Rituale begleiten lebensgeschichtlich relevante Ereignisse. Goffman (1977: 40) spricht hier von Ratifizierungsritualen. Diese werden denjenigen Menschen gegenüber verrichtet, deren Beziehungen, Rang, Erscheinen, Zukunftsaussichten oder die Orientierung im Leben sich auf eine Weise geändert haben. Derjenige, der solche Rituale begeht, bringt nach Goffman damit sein Einverständnis mit der neuen Situation zum Ausdruck. Die Beziehung müsse angesichts der neuen Situation bestätigt werden. Hierzu zählen Kondolenzbriefe, Jubiläen, Hochzeiten, Kindergeburten, Kommunion und Konfirmation etc. Diese sind in der Regel hochgradig formalisiert, bis hin zu den entsprechend im Handel verfügbaren Anlasskarten, die bereits den Text, z.B. „Alles Gute für die gemeinsamen Lebensjahre"; „Herzliches Beileid" etc. enthalten. Um der Form zu genügen, reicht es in vielen Fällen aus, den Vordruck einfach um den Zusatz „wünscht Familie xyz" zu ergänzen.

einem Tag zu besuchen oder – und das weist auf die höher aggregierten familialen Gemeinschaften hin – es findet sich ein Delegationsprinzip. Die Familie teilt sich auf und schickt jeweils einen Vertreter zu jeder Hochzeit, der die Glückwünsche und das Geschenk der Familie überbringt.

Meine Mutter joggt seit 25 Jahren wöchentlich im Lauftreff des örtlichen Sportvereins. Bei runden Geburtstagen kann es vorkommen, dass die Vereinskameraden ihr ein gemeinsames Ständchen darbieten. Im Gegenzug zu so einer solchen musikalischen Würdigung findet regelmäßig eine Bewirtung statt. Die Sänger bekommen etwas zu Trinken angeboten und im Vereinsheim wird zu einem späteren Zeitpunkt eine kleine Feier mit Kuchen und Getränken abgehalten.

In der Abteilung des Marktforschungsunternehmens, in dem ich einige Jahre arbeitete, war es üblich, dass zu Hochzeiten und Kindergeburten eine Sammlung für den Kollegen durchgeführt wurde: Ein direkter Kollege ging durch die Abteilung und fragte alle anderen nach einem Beitrag für ein Geschenk. Zumeist wurde ein Gutschein eines Kaufhauses zusammen mit einer Karte, auf der jeder Spender unterschrieben hatte, überreicht – und auch hier erfolgte die Revanchierung regelmäßig durch einen kleinen Umtrunk innerhalb der Abteilung.

Nicht der Einzelne, sondern ein Kollektiv, eine Formation mit unterschiedlicher Zusammensetzung tritt hier in Austausch.

In einigen dieser Fälle würden die Einzelnen gar keine Glückwünsche überbringen wollen, sie verfügen nicht über so enge Beziehungen zum Beschenkten, dass sie zum gegebenen Anlass etwas überreichen würden. Durch die Organisation innerhalb der Abteilung kann sich der Einzelne aber nicht ausschließen, weil ansonsten die Identität[79] der Abteilung gefährdet wäre.

Simmels Analyse der Bedeutung der Zahl derjenigen, die miteinander in Kontakt treten, scheint also auch für die Analyse von Austauschprozessen von Bedeutung zu sein – durch das Agieren innerhalb von Gruppen findet eine Art Quantensprung in der Form der Sozialität statt. Bei Simmel manifestiert sich dieser fundamentale Unterschied beim Übergang von zweien zu dreien, bei noch mehr Akteuren kommt es immer weniger auf den Einzel-

---

[79] Zum Begriff der Identität, so wie er hier gemeint ist, siehe White (1992). Für White ist Identität einer der Grundbegriffe, wobei dieser explizit nicht nur auf Individuen angewendet wird, sondern gleichfalls für eine weite Anzahl an sozialen Kollektiven gilt.

nen an. Die Relevanz dieser Überlegungen zeigt sich daran, dass die meisten der Einzelnen gar nicht spenden würden – und sich schon gar nicht alleine zu einer sängerischen Darbietung verleiten lassen würden.

Zurück zu Simmels Bedeutung für die Analyse sozialer Strukturen. Wie bereits gesagt, werden von Simmel Formen der Wechselwirkung als Objekt der Soziologie definiert. Die Idee, die hinter der Formalen Soziologie steckt, ist, dass soziale Handlungen einem bestimmten Muster folgen, zumal wenn diese in relativ stabilen Beziehungsstrukturen eingebunden sind. Tenbruck (1958: 597f) deutet diesen Umstand der Verklammerung von Handlungen, die im Wechselspiel eine stabile Form aufweisen, als Beziehungsform, die in der heutigen Soziologie als Rolle definiert wird. Menschliches Handeln ist in weiten Teilen durch die eingenommene Rolle bestimmt.

Folgt man Simmel, dann lässt sich behaupten, dass individuelle Handlungen keineswegs wirklich frei aufgrund der Überlegungen einzelner Akteure aus einer Gesamtheit möglicher Handlungen erfolgen können. Immer schon sind die Handlungen eingebettet in Beziehungen mit anderen. Tenbruck (1958: 599) formuliert Simmels Soziologie als Handlungsanleitung für den Soziologen:

> „betrachte nicht, was die Einzelnen, von sich aus gesehen, tun, sondern achte auf die Entsprechungen in ihren Beziehungen; betrachte nicht die Regelmäßigkeit einzelner Handlungen Einzelner, sondern die Regelmäßigkeit in der Bezogenheit der Handlungen mehrerer."

Eine solche relationale Bestimmung des Handelns als Regelmäßigkeit in der Bezogenheit auf die Handlungen mehrerer, also auf die Form bzw. letztlich die Rolle, die der einzelne gerade inne hat, steht in krassem Gegensatz zum Zweckhandeln des methodologischen Individualismus oder allen „Rational-Choice" Theorien, denn „Rollenhandeln schreibt keine Motive" vor (Tenbruck 1958: 600), selbst wenn die Position möglicherweise auch noch für Zweckhandeln Spielräume aufweist. Dann bleiben diese Spielräume aber an die typischen Rollenrestriktionen rückgebunden. Der Einzelne agiere nicht gegenüber einem gesamten System, sondern lediglich aufgrund der Teile, die der Wirkung der differenziellen Verteilung der Kultur auf seine Gruppe zufalle (Tenbruck 1958: 598). Diese Beschränkung der Reichweite des Individuums, zusammen mit Beschränkung von Handlungsmöglichkeiten durch die eigene Einbettung in Beziehungen mit anderen, bedeuten eine negative Bestimmung von Handlungen aufgrund ihrer Beschränkungen.

7.2 Beziehungslehre

Der Terminus „Formale Soziologie" wurde von Simmels Lehre von den Formen der Vergesellschaftung abgeleitet. Für Simmel gab es keine andere Soziologie, als die der Formen; nur durch die Untersuchung der Formen der Wechselwirkung konnte, so Simmels Auffassung, die Soziologie als eigenständige Wissenschaft gegenüber den anderen, auf die Inhalte fixierten Sozialwissenschaften (etwa der Geschichtswissenschaft) etabliert werden (Wiese 1968: 13). Da allerdings dieser Begriff zahlreiche Missverständnisse hervorrief, kam Wiese[80] zu der Überzeugung, seine Formale Soziologie mit einem anderen Begriff belegen zu müssen: Er nannte sie Beziehungslehre. Teilweise distanzierte sich Wiese von Simmel: Anstatt des Begriffs Wechselwirkung gebrauchte er beispielsweise den Terminus Wechselbeziehung. Er behauptete sogar, diesen Begriff gebildet zu haben, bevor er Simmels Werk kennengelernt habe (hierzu Korte 1995: 123).[81]

Der Ausgangspunkt von Wieses Soziologie ist gleich Simmels Auffassung nicht im Individuum, sondern in dem, was sich zwischen den Individuen abspielt, zu suchen. So wird Simmels Soziologie der Formen von Wiese bewundert (Levine 1988). Obgleich es Simmel, wie Wiese behauptet, an Systematik fehle,[82] preist er die Trennung zwischen Form und Inhalt als

---

[80] Leopold von Wiese ist ein Vertreter der zweiten Generation von Soziologen, der 1876 geboren zwölf Jahre jünger als Max Weber und fast 20 Jahre jünger als Simmel und Tönnies war.
[81] Obgleich Wiese als Begründer der Kölner Zeitschrift für Soziologie und Sozialpsychologie und als hervorragender Organisator des Faches nach dem zweiten Weltkrieg bekannt wurde, kommt seinem Werk zu Unrecht soziologiegeschichtlich kaum Bedeutung zu.
[82] Wiese (1967: 124) schreibt über Simmel: „Das eigentümliche Zurückweichen, Abschweifen, das Aphoristische und Torsohafte in seiner Arbeit als Soziologe hängt mit den Vorzügen und Mängeln dieses analysierenden, der Systematik so abholden Schaffens zusammen. Geistige Robustheit, Diszipliniertheit und intellektuelle Selbstverleugnung waren ihm fremd." Wiese schreibt weiter (1967: 128): „Simmels Untersuchungen liefen Gefahr zu versanden, sich zu verzetteln. Es sind sicherlich nicht nur sehr viel feine Betrachtungen in ihnen; sie haben auch Höhepunkte von größtem Erkenntniswerte. Dann aber verlieren sie sich wieder in Spielereien mit der Formenfülle, mit subtilsten und feinsten Nuancierungen. Aus den

Möglichkeit, das Wesen der Dinge hervortreten zu lassen. Leopold von Wiese (1926: 125, zitiert nach 1971):

> „Soweit wie möglich zugunsten der Darstellung menschlicher Beziehungen vom Inhaltlichen der Gemeinschaftshandlungen, also von dem, was Plenge ihren „Betreff" genannt hat, abzusehen, kann eine Befreiung vom Zufälligen, Vorübergehenden, Nebensächlichen bedeuten, die erst einen um so tieferen Blick in die Menschennatur überhaupt ermöglicht."

Der, gerade im Zusammenhang mit allen mit „neu" apostrophierten Phänomenen, häufige Verstoß gegen diese Trennungsregel des Inhaltes von der Form, führt dazu, dass mit jedem neuen Inhalt scheinbar eine neue Soziologie nötig wird, anstatt zunächst die Beharrungskräfte der Form den auf Neuigkeiten hin zielenden Inhalten entgegenzuhalten.

Die Beziehungslehre wird 1924 in Wieses „System der Allgemeinen Soziologie als Lehre von den sozialen Gebilden der Menschen" vorgestellt. Ähnlich wie Simmel, vertritt Wiese darin die Auffassung, dass jedes Soziologiesystem, gleichzeitig formal und material sein müsse (Wiese 1924, zitiert nach 1968: 11). Unter die materialen Aspekte fallen die Inhalte, womit Motive, also das Innenleben der Menschen gemeint sind, aber auch alles Geschichtliche. Formal dagegen sind systematisch-außerhistorische Tatsachen; wobei lediglich logische, zeitlose und rein räumliche Kategorien verwendet werden. Da beides zusammengehört, braucht eine formale Betrachtung auch die Inhalte, um die beobachteten Phänomene interpretieren zu können.

Wiese (a.a.O. S. 53) sieht in den beständigen Distanzierungen von Menschen und Menschengruppen die Grunderscheinung, aus der das soziale Leben besteht. Die spezifische Aufgabe der Soziologie sei es,

> „aus allen Geschehnissen, die Menschen betreffen, das Zwischenmenschliche zu isolieren und es in einem System wechselnder Distanzierungen zu erfassen."

Kern seiner Beziehungslehre sind die vier Hauptkategorien: 1. *Sozialer Prozess*. Diese dynamische Kategorie erfasst das, was als Näherungs- und Entfernungsprozesse zwischen den Menschen bezeichnet wird. 2. *Abstand* (die

---

zahlreichen Lehren von mannigfachen Formen der Vergesellschaftung entstand keine einheitliche Lehre von den Vergesellschaftungsformen."

Distanz). Dieser Begriff sei neben dem des sozialen Prozesses, der eigentliche Grundbegriff der Soziologie. Indem man die Tatsachen des Menschenlebens auf den Grad des Abstandes zwischen den Menschen ansehe, heiße es, diese soziologisch zu betrachten. Die 3. Hauptkategorie ist die des *sozialen Raumes* (oder der sozialen Sphäre). Der soziale Raum sei das Universum, in dem sich die sozialen Prozesse abspielen, wobei dieser vom physischen Raum zu trennen sei. Der soziale Raum beherberge Prozesse, wie Verbindungen, Trennungen, Bindungen, Lösungen, Brechungen, Verteilungen, Gesellungen. Die 4. dieser Kategorien ist schließlich die des *sozialen Gebildes*. Wiese (1924, zitiert nach 1968: 114) definiert Gebilde auf die folgende Weise:

„ein soziales Gebilde ist eine Mehrzahl von sozialen Beziehungen, die so miteinander verbunden sind, dass man sie im praktischen Leben als Einheiten deutet."

Die einzigen Elemente von sozialen Gebilden seien soziale Prozesse, denn es gebe darüber hinaus nichts.

Der soziale Prozess als Grundbegriff bildet ein wichtiges Datum, welches mit der Idee der methodologischen Individualisten konfligiert: Dort steht das Eigeninteresse im Vordergrund, die Ziele und Strategien der Zielerreichung. Hingegen wird in der Idee vom „sozialen Prozess" behauptet, dass die Ziele des Individuums sich erst in diesem Prozess herausbilden, da aber ständige Abstandsverschiebungen vorkommen, verändern sich mit den Beziehungen auch die Ziele der Akteure. Von einheitlichen Akteuren mit fixen verfolgten Zielen kann dann allenfalls noch als Spezialfall die Rede sein.[83]

Wieses Werk ist im Gegensatz zu Simmels Aufsätzen und Büchern sehr systematisch aufgebaut. Während Simmel mit seiner Fülle an Assoziationen und Beispielen für Soziologen jedweder Richtung lesenswert ist, kann als eine der Ursachen für die geringe Wirkung von Wieses „System der Allge-

---

[83] Auf die Veränderung der Ziele im sozialen Prozess weist insbesondere Kreutz (Coleman & Kreutz 1997) in seiner Auseinandersetzung mit der Sozialtheorie von James S. Coleman am Beispiel der Werbung (ist Werbung erfolgreich, hilft sie die Ziele der Akteure zu verändern) hin.

meinen Soziologie" eine nachgerade zwanghaft systematische Vorgehensweise angesehen werden.

Anstatt das Individuum ins Zentrum der Betrachtungen zu stellen, fokussiert Wiese auf die Relationen. Er überlegt sich auch, dass diese Relationen messbar sein müssen. Wiese verdeutlicht seine Überlegungen, wenn er zu methodischer Strenge rät (1967: 142):

> „Es handelt sich darum, die tatsächlich bestehenden Zusammenhänge zwischen den Menschen und Menschenverbindungen (nicht die darüber von den Menschen gehegten Ideologien, Wünsche, Postulate und deren Objektivationen) zu beobachten, zu analysieren, systematisch zu ordnen und, soweit dies möglich ist, zu >verstehen<."

Die Soziologie hat die Zusammenhänge so zu untersuchen,

> „dass aus jedem Geschehnis, an dem mehrere Menschen beteiligt sind, nur das hervorgehoben und durchforscht wird, was als Verhalten von Mensch zu Mensch oder Gruppe zu Gruppe erkennbar ist." (Wiese 1967: 142)

Distanzen und Distanzveränderungen sollen in der Regel nach Anzeichen, also Indikatoren beurteilt werden, eine Messung sei nicht ohne weiteres möglich (Wiese 1968: 163). Ein Merkmal für eine solche Abstandsverschiebung sei etwa eine Veränderung der Anrede, so ließe sich aus dem Übergang vom „Sie" zum „Du" oder umgekehrt, ebenso beim Gebrauch von Spitznamen einiges folgern. Dennoch würde sich Wiese wünschen, wenn man den Abstand, den er selbst in verschiedenen Beispielen in Zahlen angibt, quantifizieren könnte. So ist auch seine gleichzeitig sowohl begeisterte als auch distanzierte Rezension (Wiese 1948b) zur „Soziometrik" Morenos zu verstehen. Er zeigt sich euphorisch hinsichtlich der Grundidee und der Darstellung der Ergebnisse. Allerdings kritisiert er die Beschränkung auf die zur Psychologie gehörende „Seele". Auch würden zu sehr die spontanen Wechselbeziehungen betont und das Institutionelle vernachlässigt.

Die Veränderungen der Abstände zwischen den Personen werden durch die sozialen Prozesse bewirkt. Dabei ergibt es sich, dass einige dieser Abstände als relativ fest und schwer veränderlich aufgefasst werden.

„Wir nennen solche scheinbar substanzhaften Abstandsverhältnisse soziale Gebilde. Statisch betrachtet, wäre zu sagen: Eine Mehrzahl von bestehenden sozialen Beziehungen, die so miteinander verbunden sind, dass man sie als Einheiten auffasst, bezeichnen wir als soziale Gebilde." (Wiese 1967: 144)

Wiese geht es um die Untersuchung der Beziehungen, die oft in sozialen Gebilden angeordnet sind. Die Einheit des sozialen Gebildes ist eine Zusammenfassung, in der Akteure in unterschiedlichen oder gleichen Positionen in eine Wechselwirkung zueinander eintreten, die sich an spezifischen Formen, nämlich den in der Regel bereits vorgeformten Rollen orientiert.

Wiese betrachtet die Dynamik von sozialen Prozessen.

„Die sozialen Beziehungen erscheinen alsdann als die Ergebnisse von sozialen Prozessen. Wir können unter diesem Gesichtspunkte eine soziale Beziehung als einen durch einen sozialen Prozess oder (meist) durch mehrere soziale Prozesse herbeigeführten labilen Zustand verhältnismäßiger Verbundenheit oder Getrenntheit zwischen Menschen bezeichnen. Der soziale Prozess selbst ist ein Vorgang, durch den Menschen mehr miteinander verbunden oder mehr voneinander gelöst werden." (Wiese 1967: 143f)

Durch den Begriff des sozialen Prozesses führt er an erster Stelle eine dynamische Komponente ein, die Näherungs-, aber auch Entfernungsprozesse, also den Aufbau, aber auch das Zerfallen von Beziehungen und damit auch Strukturen mit einbezieht.

Nachdem im vorderen Teil des Buches gezeigt wurde, wie sehr der Austausch von den Beziehungsformen abhängt, diente dieser Abschnitt dazu, etwas mehr Aufklärung über Anschauungen zu Beziehungen zu geben.

7.3 Symmetrische und Asymmetrische Beziehungen

Bevor auf das Problem der Messung von Beziehungen eingegangen wird muss, soll zunächst einmal eine grundsätzliche Unterscheidung eingeführt werden. Der Grad der Symmetrie in einer Beziehung besagt etwas über die Möglichkeiten der Erwiderung aus: Symmetrisch ist eine Beziehung von gleich zu gleich. Eine Gabe, eine Handlung kann in gleicher Weise wie sie gegeben wurde, erwidert werden. Eine Einladung wird erwidert, die Hilfe beim Umzug, ein Geburtstagsgeschenk usw. Natürlich kann es vollständige Gleichheit zwischen den Beteiligten nicht geben, gemeint ist aber relative Gleichheit hinsichtlich mindestens eines Merkmals oder der sozialen Position. Eine einfache Gegenseitigkeitsperspektive mag den Blick oft zu sehr auf den Ausgleich und auf die Symmetrie in Beziehungen lenken, mögliche Asymmetrien werden dabei leicht übersehen.[84]

Ganz deutlich wird die Asymmetrie der Beziehungsform in Eltern-Kind Beziehungen. Auch wenn etwa körperliche Züchtigung innerhalb der Erziehung keine Rolle mehr spielt, so ist doch klar, dass zunächst eine eindeutige Hierarchie besteht, die freilich im Zeitverlauf ihren Charakter ändern sollte.

Oft wird behauptet, Reziprozität sei nur unter Gleichen möglich. Dies scheint zu stimmen, denn die Reziprozitätsnorm gilt nur in einer auf einer gewissen Gleichheit beruhenden Gesellschaftsgruppe. Maus (1990) stellt dies in seinem Buch „die Gabe" dar: Einzelne Akteure können eine Gabe deswegen nicht annehmen, weil sie nicht entsprechend erwidern können. Dieses Problem findet man auch heute noch, wenn Mitarbeiter vom Chef zu sich zum Essen nach Hause eingeladen werden und dort eine Villa und Bedienung vorfinden. Auch berichtet Mauss von Potlatch-Wettbewerben, in denen das Sozialprestige davon abhängt, wie viel der jeweils Austragende an Reichtum vernichten kann.

Starke soziale Rangunterschiede, etwa die Herrschaft in Form von Sklavenhaltung verhindern die Anwendbarkeit der Reziprozitätsnorm. Dies liegt daran, dass die Sklaven von ihren Herren erst gar nicht als Gesellschaftsmitglieder anerkannt wurden.[85]

---

[84] Hierauf wies Lévy-Strauss (1967: 180) hin.
[85] Dies trifft auch auf die klassischen Hausangestellten, etwa den Butler und das Dienstmädchen zu.

Asymmetrische Beziehungen erfordern ebenfalls als Erwiderung einer Gabe eine Gegengabe, allerdings ist häufig diese Gegengabe nicht aus der gleichen Kategorie oder nicht adäquat. Am ehesten einsichtig ist diese Unterscheidung bei der Betrachtung von unterschiedlichen sozialen Rängen.

Symmetrische und asymmetrische Beziehungen sind allerdings nicht in allen Bezugskontexten gleichermaßen vorhanden. In Unternehmen ist die soziale Ordnung meist eindeutig durch formelle Über- und Unterordnungen hinsichtlich der dort auszuübenden Tätigkeiten definiert. Es ist fast immer klar, wer Chef und wer Mitarbeiter ist. Ein hier eingenommener sozialer Rang kann auch auf andere Kontexte ausstrahlen: Möglicherweise wird jemand aufgrund eines Professorentitels am Türschild vom Briefträger zuvorkommender behandelt. Wahrscheinlich rechnet der Professor sogar damit, wodurch sich die Motivation erklären lässt, mit dem Titel anzugeben und damit Rangunterschiede wahrnehmbar zu machen. In anderen Situationen hilft der Rangunterschied keineswegs zu einer besonderen Behandlung: In der Straßenbahn wird kaum jemand diesem Herren einen Sitzplatz anbieten, nur weil zu Hause am Briefkasten die Titel: Prof. Dr. prangen.

Dennoch strahlen soziale Rangunterschiede oft auch auf andere Beziehungskontexte aus: Beispielsweise findet man in Kneipen Bilder von Prominenten: Das gerahmte und mit Autogramm versehene Bild eines Schlagersängers an der Wand über der Sitzbank sagt uns: Hier verkehren berühmte Leute. Wenn wir hier ebenfalls unser Bier trinken, fällt ein Stück dieses Ruhmes auch auf den Wirt und sein Publikum ab. Nichts wirbt eindrucksvoller als der Hinweis auf einen Künstlertreffpunkt im Reiseführer.[86]

---

[86] Dieser Zusammenhang wird auch bei der Fernseh- oder Kinowerbung genutzt, wenn Prominente (für teilweise horrende Honorare) vorgeben, die Gummibärchen einer bestimmten Marke zu bevorzugen.

8 Messung sozialer Beziehungen

Beziehungen lassen sich nicht nur nicht direkt messen, es besteht auch das Problem, diese klar zu definieren. In einer relationistischen Betrachtung stehen die Beziehungen der Menschen untereinander im Zentrum. Vor dem Dilemma, dass Beziehungen nicht direkt messbar sind, sieht sich auch Leopold von Wiese gestellt, zumal Wiese seine Grundausrichtung „Beziehungslehre" nennt. In Auseinandersetzung mit Morenos Soziometrie formuliert er (1948b: 37):

„Bei Messung sozialer Gradstärken muss man also mit zwei das Ergebnis beträchtlich abschwächenden Hindernissen rechnen: erstens dass man sie nicht direkt messen, sondern nur aus messbaren Anzeichen erschließen kann; zweitens dass das Messinstrument nicht allgemein genug ist."

Ähnlich wie Homans, ist Wiese der Auffassung, dass man aus der Häufigkeit freiwilligen Zusammenseins auf die Gradstärke der Verbundenheit schließen könne.

Für Homans werden Beziehungen durch Gefühle[87] ausgedrückt – nur wie misst man Gefühle? Eine weitere Schwierigkeit kommt hinzu: Es scheint, als seien die meisten Beziehungskonzepte viel zu einfach. Die meisten Konzepte beinhalten die Annahme einer Symmetrie: Beide oder noch mehr Partner mögen einander.[88] Es gibt Beispiele dafür, dass längerfristig kaum Beziehungen aufrecht erhalten werden können, ohne dass diese sich in einer Balance befinden.

---

[87] Homans vernachlässigt bei dieser Analyse zumindest einen weiteren Beweggrund Beziehungen einzugehen, nämlich strategische Gründe.
[88] Natürlich ist Feindschaft auch eine Beziehung. Aber auch hier gilt in der Regel die Reziprozitätsannahme.

„Es ist ein allgemeines Gesetz, dass uns ein Wesen, das wir selbst nicht lieben, welches aber uns liebt, unerträglich erscheint."[89]

Ungewissheit über Reziprozität der Gefühle ist Ursache von Missverständnissen und Unsicherheit.
Beziehungen sind immer nur latent vorhanden. Sie werden nur punktuell aktualisiert, zu Gelegenheiten des Sich-Treffens. Eine Beziehung zu einem anderen Menschen besteht aus zwei Teilen: Ego und Alter. Ego ist sich dabei bestenfalls über seine Beziehung zum/r anderen im Klaren und dennoch nicht sicher, denn auch die eigene Beziehung ist abhängig von der Beziehung des Anderen zum jeweiligen Ego. Ego weiß aber zumeist sehr wenig über die Gefühle von Alter zu sich. Ego kann zwar bestimmte Indizien deuten, selten wird aber direkt über die Beziehung gesprochen – allenfalls in sehr intimen Beziehungen – und selbst dann verbleibt Unsicherheit über die Aufrichtigkeit von Alter übrig. In diesem Zusammenhang hat schon Leopold von Wiese (1933: 152) in den 20er Jahren formuliert:

„Was könnte es für unser Herz Wichtigeres geben als die Frage, welches Maß von Nähe oder Ferne zu unseren Mitmenschen (oft: zu unserem Mitmenschen) in einer vorhandenen Beziehung vorliegt?"

Oft ist unser Bestreben Reziprozität sicherzustellen, so groß, dass wir Beziehungen verleugnen. Wir sehen dann einfach weg, aus der Befürchtung heraus, dass andere uns bekannte Personen den fälligen Gruß nicht erwidern könnten. Wir sind uns dann unsicher, ob wir von der Person ebenso erkannt werden. Insbesondere stellt sich dieses Problem in Verhältnissen, in denen keine einfach reziproke Beziehung möglich ist: in Hierarchien. Hier ist die Bedeutung der Personen nicht gleichverteilt. Vorgesetzte oder bedeutende Persönlichkeiten werden von mehr Personen gekannt, als sie selbst kennen. Insofern verschärft sich in diesem Falle dieses Problem.
Geht man dagegen systematisch empirisch vor, scheinen balancierte Beziehungen in größeren Gruppen oft gar nicht fassbar zu sein, wie die Schwierigkeiten der Wissenschaftler, welche die Theorie struktureller Balan-

---

[89] Marcel Proust, Sodom und Gomorrha, Seite 439, Suhrkamp (1981-1988), in der Übersetzung von Eva Reichel-Mertens.

ce (siehe S. 87, auch Davis 1977) nachweisen wollten, sehr gut zeigen. Immerhin beinhaltet die Balancetheorie die strukturbildende Annahme, dass Beziehungsasymmetrien zu einem Ausgleich hin streben. Ob dies wirklich der Fall ist, sei für die hier zu bearbeitenden Fälle dahingestellt, dennoch soll als Beispiel in diesem Zusammenhang kurz auf die vielen nichterwiderten Schwärmereien oder gar Verliebtheiten von Jugendlichen hingewiesen werden: Es scheint, als würde Sympathie, ja Liebe, wenn sie nicht geteilt wird, eher zu einem Abbruch von Beziehungen führen, als zu einem Ausgleich; zumindest ist beides möglich – und führt letztlich zum selben Ergebnis, nämlich der Beziehungssymmetrie.

Wenn aber eine Beziehung nichts anderes als ein Gefühl ist, bei dem man sich noch nicht einmal ganz sicher sein kann, ob die Person, auf die es sich richtet das gleiche empfindet, dann steht jeder Einzelne also – und nicht nur der Sozialforscher – vor dem Problem, die Beziehungen zwischen sich und anderen Personen und zwischen anderen Personen in seiner Umgebung einzuschätzen. Wie ist das möglich?

Nun – Beziehungen werden zumeist in gegenseitigen Kommunikationssituationen konstituiert und aktualisiert. Man kann behaupten, dass jede einzelne Kommunikationssequenz eine Funktion innerhalb der Beziehung besitzt. Dauern kommunikationslose Perioden länger, verblasst die Beziehung. Zwar denken die einzelnen, eine Beziehung zueinander unterhaltenen Personen in der Zwischenzeit vielleicht einmal aneinander, aber da der Partner davon nichts erfährt, bleibt der isolierte Gedanke einseitig und damit hinsichtlich der Beziehung bedeutungslos. Eine Auffrischung einer Beziehung ist also nur durch einen kommunikativen, also gegenseitigen Akt möglich. In diesem Falle wird die Beziehung aus dem Zustand der Latenz herausgehoben und aktualisiert. Bei diesem Anlass kann sich keiner der Partner ohne weiteres zurückziehen. Beide sind gefordert.

Da man Zusammengehörigkeitsgefühle nicht direkt messen kann, ist der Soziologe auf Indikatoren angewiesen. Situationen, die hierfür am günstigsten erscheinen, hängen mit der Notwendigkeit, Beziehungen zu konstituieren und zu erneuern zusammen. Als solche Indikatoren kommen Interaktionsfrequenz und Interaktionsdauer in Frage.

Interaktionen als solche lassen sich leicht zählen, aber um Auskunft über eine innere Bindung zu erhalten, wäre zumindest eine Befragung notwendig und dennoch unzureichend. Nicht unbedingt deckungsgleich sind die Interaktionsfrequenzen und die Gruppenzugehörigkeit in Situationen, die äußeren sozialen Zwängen unterliegen oder in denen die Bindung nicht prioritär den Alteri wegen zustande kam, etwa am Arbeitsplatz, an dem man mit Personen in Kontakt stehen muss, für die man ansonsten kein Interesse aufbringen würde. Solche Beziehungen werden nach Austritt aus der Organisation, Wechsel von Abteilungen u.ä. oft schon bald abgebrochen. Das bedeutet nicht, dass die dort konstituierten Beziehungen nicht auch als Beziehungen gelten könnten, dennoch sind sie, wenn sie sich nicht rechtzeitig so transformiert haben, dass sie in andere Lebensbereiche hereinreichen, relativ brüchig. In Situationen aber, in denen solche äußeren Anlässe oder gar Zwänge nicht gegeben sind, kann man annehmen, dass

> „interaction is entirely voluntary and informal, and ranges over a broad spectrum of activities, interaction among individuals is likely to reflect affiliation" (Freeman 1992: 118).

Welche Indikatoren zur Messung von Beziehungen in Frage kommen könnten, weist die Tabelle 3 aus (nach Brass 1995).

Leider ist die Tabelle nicht vollständig, es werden vor allem formale Aspekte berücksichtigt. Im Folgenden sollen eine Reihe weiterer möglicher Relationen aufgeführt werden, die eher inhaltliche Aspekte berücksichtigen.

Beispielsweise kann man fragen, wie Informationsaustausch abläuft: (Wer beeinflusst wen? Wer liefert wem vertrauliche Informationen?). Eine andere Frage wäre mit Ressourcenaustausch verbunden (Geld, Material, Personal).[90] Man könnte auch versuchen festzustellen, welche Reputationsbeziehungen bestehen, etwa hinsichtlich Exzellenz oder Einfluss. Mitgliedschaftsbeziehungen können ebenfalls als Beziehungsindikatoren taugen (Gremien, Parteien, Interessensverbände, Aufsichtsräte etc.). Auf die Implikationen von Verwandtschafts-, Abstammungsbeziehungen wird in diesem Buch öfters eingegangen.

Auch affektive Beziehungen könnte man heranziehen, um die Qualität von Beziehungen (z.B. Wahl als Freund, Ratgeber etc.) zu erkunden. In manchen Fällen erscheint es allerdings besser, auf nichtreaktive Messungen

---

[90] Solche Indikatoren wurden beispielsweise als Hinweis auf die Intergenerationenbeziehungen ab S. 71 herangezogen.

zurückzugreifen. Diese können sich in konkreten Interaktionen (zusammen ausgehen, gemeinsame Freizeitaktivitäten, Besuche) manifestieren.

Tabelle 3: Beziehungsindikatoren der Netzwerkanalyse

Maß	Definition	Beispiel
Indirekte Verbindung	Die Verbindung zwischen zwei Akteuren wird durch einen oder mehrere andere vermittelt	A ist verbunden mit B, B ist verbunden mit C, dies bedeutet, dass A indirekt auch mit C (nämlich über B) verbunden ist
Frequenz	Wie oft findet sich eine Verbindung?	A spricht zu B zehn mal in einer Woche
Stabilität	Wie lange besteht ein Link?	A ist mit B seit fünf Jahren befreundet
Multiplexität	Sind zwei Akteure über mehr als einen einzigen Bezug miteinander verbunden?	A und B sind befreundet, gleichzeitig aber arbeiten sie zusammen und wohnen in unmittelbarer Nachbarschaft zueinander
Stärke	Summe der Zeit, emotionalen Intensität, Intimität oder reziproker Handlungen (oft wird die Frequenz oder Multiplexität als Maß für die Stärke einer Beziehung verwendet)	A und B sind enge Freunde und verbringen viel Zeit miteinander
Richtung	Ausmaß, in dem eine Beziehung von einem Akteur zum anderen geht	A antwortet auf B, B aber niemals auf A
Reziprozität oder Symmetrie	Ausmaß, in dem eine Beziehung bidirektional ist	A stellt an B eine Frage, B stellt an A eine Frage

Allerdings sind zählbare Interaktionen als Indikatoren ebenfalls umstritten, denn häufig sind dort, wo viele Interaktionen in der Summe zusammenkommen, geringere emotionale Beziehungen vorhanden, als in anderen Beziehungen, die gar nicht durch hohe Kommunikationsfrequenzen gekennzeichnet sind.

Um Beziehungen so umfassend wie möglich zu erfassen, müssten daher verschiedene Dimensionen als Indikatoren in eine Erhebung einbezogen werden. Das Instrumentarium, simultan solche verschiedenen dimensionierten Daten in eine Analyse einzubeziehen, ist in den 70er Jahren mit der Entwicklung der Blockmodell-Analyse durch White und andere geschaffen worden (White et. al. 1976).

Mit Hilfe der Blockmodellanalyse ist es möglich, die Beziehungen eines begrenzten Kollektivs zu untersuchen. Ausgangspunkt, nach der Erhebung der Beziehungsdaten unter Verwendung eines Indikators oder mehrerer Indikatoren, ist eine Beziehungsmatrix, welche das Muster der Beziehungen zwischen den einzelnen Akteuren enthält. Jeder Spaltenvektor repräsentiert das Muster der Relationen eines individuellen Akteurs zu den anderen. In der Blockmodell-Analyse werden die Zeilen und Spalten nun so vertauscht, dass Akteure mit einem ähnlichen Beziehungsmuster zueinander geordnet werden. Die Akteure mit ähnlichen Beziehungen werden dann in so genannten Blöcken zusammengefasst. Die weitergehende Analyse beschäftigt sich dann nicht mehr mit den einzelnen Akteuren. Im Zentrum der Interpretation steht die dahintersteckende Idee, dass über die Einbeziehung der Relationen der Akteure, auf im Sozialraum vorhandene Positionen mit ihren dazugehörenden Rollenmustern geschlossen werden kann. Damit handelt es sich um eines der wenigen Verfahren, welche direkt die Beziehungen in die Analyse einbeziehen.[91]

Kritisch könnte man einwenden, dass auch hier die Beziehungen innerhalb von Gruppen für die Auswertung individualisiert werden. Beziehungen eines höheren Aggregatzustandes bleiben auch mit diesem Verfahren nicht analysierbar. Um diese einzubeziehen, fehlen allerdings auch noch grundlegende Forschungsarbeiten.

Dies soll hier nicht systematisch weiter verfolgt werden, an dieser Stelle reicht es aus, das Problembewusstsein für die systematische Erfassung von Beziehungen zu schärfen.

---

[91] In der Zwischenzeit wurden verschiedene Algorithmen zur Umsortierung der Beziehungsmatrix entwickelt (siehe für eine Diskussion dieses Gegenstandes: Kappelhoff 1984; 1987; 1992).

9 Beziehung und Reziprozität

Im Mittelpunkt steht ein Prinzip, welches für den Zusammenhalt in der Gesellschaft verantwortlich ist. Auch wenn Armin Nassehi (1999) die Kultur als den Kitt[92] bezeichnet, der unsere Gesellschaft innerhalb der Moderne zusammenhält, scheint doch gerade angesichts einer Anzahl sich lösender Bindungen, die Gegenseitigkeit eines der letzten universal gültigen beziehungsstiftenden Regularien zu sein, die Bindungen produziert und reproduziert und auf diese Weise zur Herstellung eines gesellschaftlichen Gefüges, einer Struktur einen wesentlichen Beitrag leistet. Letztlich handelt es sich auch um eine Norm, die, obgleich sie universelle Gültigkeit beanspruchen kann, man immer in Verbindung mit den unterschiedlichen Beziehungen, in denen diese auftaucht, findet. Das Phänomen der Reziprozität lässt sich in allen Kulturen nachweisen. Es stellt damit ein Grundprinzip menschlichen Handelns dar.

Es scheint, und darum ging es in diesem Text, als sei Reziprozität das Prinzip, durch welches Beziehungen hergestellt und erhalten werden.

Ein solches umfassendes Prinzip stellt gleichzeitig eine Regel zur Herstellung von sozialer Struktur dar, wenngleich aber auch die Durchsetzbarkeit des Prinzips von der Struktur abhängig bleibt.

Allerdings – und dies macht den Begriff reichlich vieldeutig, lassen sich eine Vielzahl von unterschiedlichen Formen dieses über eine Norm weit hinausgehenden Prinzips finden. Generell lässt sich dieser Begriff auf fast alle interpersonellen Austauschprozesse anwenden. In seiner generalisierten Form gilt er nicht nur für die Beziehungen innerhalb einer Gruppe, sondern auch für Beziehungen zwischen Gruppen und Institutionen.

Die hier vertretene Grundthese war, dass beim Austausch zwischen Akteuren immer mehr getauscht wird, als uns der rein ökonomische Vor-

---

[92] Die Kultur scheint vielmehr die Voraussetzung für die Entstehung von tiefergründigen Beziehungen zu sein, denn hier kann gegenseitiges Verständnis vorausgesetzt werden (siehe Kapitel „Reziprozität der Perspektiven" ab Seite 99).

gang andeutet. Mit dem „mehr" ist die Beziehungsdimension gemeint: Mit jedem Austauschvorgang ist gleichzeitig ein Beziehungsvorgang verbunden. Es handelt sich, wie es Leopold von Wiese ausdrücken würde, um einen sozialen Prozess, der das „Zueinander" bzw. das „Auseinander", kurz, das Maß für die Beziehungsstärke beeinflusst.

Ein gewisses Quantum an Vertrauen kann als notwendige Bedingung für einen Tauschvorgang angesehen werden.[93] Die immer *mit einhergehende* Beziehungsdimension des Tauschvorgangs kann als eine Art Garant für Reziprozität gelten: Das Ausbleiben der Reziprozitätsleistung gefährdet die Beziehung. Daraus könnte man ableiten, dass die Reziprozitätsform, die Anwendung findet, in direktem Zusammenhang mit der Beziehungsstärke, bzw. des Typs der Beziehung steht. Andererseits kann eine Reziprozitätsleistung auch als Ausweis für eine entsprechende Beziehungsstärke gelten. Im vorhergehenden Abschnitt wurde über Beziehungsindikatoren nachgedacht. Beziehungsindikatoren sind nicht nur für Wissenschaftler von Bedeutung, auch für jeden Einzelnen, der sich Fragen zur Gegenseitigkeit der für den anderen gehegten Gefühle stellt. Gegenseitigkeit kann als Anzeichen für die Verlässlichkeit der Beziehung gedeutet werden (Elwert 1991).

Wenn aber Reziprozität und Beziehung auf eine solch enge Weise miteinander verknüpft sind, dann kann man annehmen, dass für das Entstehen enger Beziehungen nicht nur ein einziger Reziprozitätszyklus ausreicht. Es wird eine ganze Kette von gegenseitigen Handlungen notwendig sein, um eine enge Beziehung zu konstituieren.

Wenn enge Beziehungen relativ intensiver Reziprozitätsketten bedürfen, dann ergibt sich daraus angesichts grundsätzlich eingeschränkter zeitlicher und kognitiver Ressourcen, dass die Individuen jeweils nur eine relativ geringe Zahl enger Beziehungen eingehen können.

Nicht nur ist Reziprozität für die Entstehung und Stabilisierung von Beziehungen verantwortlich – der gegenseitige Austausch kann gleichzeitig als eine Funktion von Beziehungen bezeichnet werden. Bestimmte Formen des Austausches, ebenso wie bestimmte Inhalte sind abhängig davon, welche Art von Beziehung zwischen den Tauschpartnern besteht.

Oben wurden unterschiedliche Reziprozitätsformen aufgelistet. Von der direkten bis hin zur generalisierten Reziprozität. Die in diesem Buch

---

[93] Dies wird in einer ähnlichen Weise von Kappelhoff (1995) an dem Begriffspaar „Rationalität und Moralität" aufgezeigt.

vertretene These lautet, dass ein Zusammenhang zwischen den gegenseitig erbrachten Leistungen und der Intensität, bzw. der Form der Beziehung zwischen den miteinander in Austausch stehenden Personen besteht.

Während eben noch Reziprozität als Maß für die Beziehung betrachtet wurde, wird nun das Argument umgedreht. Obgleich Beziehung nicht direkt messbar ist, kann die soziale Entfernung (in Wieses Sinne) als Prädiktor für Reziprozität herangezogen werden. Je geringer die Entfernung im sozialen Raum, je intensiver also die Beziehung, umso intensiver ist die Reziprozitätsbeziehung. Dieser Bezug leuchtet unmittelbar ein: Bei einem Fremden bin ich vielleicht noch bereit, eine Auskunft zu geben, bei meinen Freunden helfe ich auch bei einem Umzug. Weitergehende Leistungen, etwa das Verleihen von Geld („bei Geld hört die Freundschaft auf") oder die Pflege von Kranken findet man fast nur zwischen engen Angehörigen (Schulz 1996).

Die Tabelle 4 soll die Beziehung näher verdeutlichen. Es gilt dabei, dass Leistungen auf einer niedrigeren Leistungsstufe normalerweise auf den höheren Leistungsstufen eingeschlossen werden.

Eine Besonderheit stellen, wie bereits oben behandelt, die intergenerationellen Beziehungen dar, die, will man sie überhaupt unter dem Begriff der Reziprozität fassen, als eine besondere Form der generalisierten Reziprozität gelten können.

In dieser Tabelle wird die Abhängigkeit der Art der Reziprozitätsleistung von der Beziehungsform dargestellt. Tatsächlich scheint ein Zusammenhang in dieser Richtung gegeben zu sein, denn, obgleich in der Bibel wildfremde Menschen gespeist werden, kommt es kaum jemanden in den Sinn, auf die Straße zu gehen, und einem Unbekannten eine Essenseinladung auszusprechen.[94]

---

[94] In manchen Kulturen scheint eine solche Verhaltensweise durchaus üblich und manchmal auch religiös vorgeschrieben zu sein. Wer an Kurban Bayran, dem Hammelschlachtfest, welches vier Wochen nach dem Ende des Ramadan stattfindet, sich schon einmal in der ländlichen Türkei aufhielt, mag diese Erfahrung schon selbst gesammelt haben.
Manchmal sind die Menschen sogar regelrecht stolz darauf, Gäste bewirten zu können. Die Kinder laufen dann durchs Dorf und rufen den anderen zu, dass heute bei ihnen Gäste zu Besuch seien. (Arbeitskreis Entwicklungspolitik 1982)

Tabelle 4: Die Abhängigkeit von Reziprozitäts- und Beziehungsform

Entfernung im sozialen Raum	Reziprozitätsleistungen (Beispiele)	Reziprozitätstyp
Fremde	Wegeauskunft, gegenseitiges Grüßen auf Wanderungen etc.	Generalisiert
„Weak tie"; Beziehung über andere	Informationsfluss „etwa bei der Information über offene Stellen"	
Freundschaftsbeziehung	Essenseinladung, Umzugshilfe etc.	Direkt
Familie	Geld ausleihen, Krankenpflege	

Gegenseitige Leistungen tragen zur Abstandsverschiebung bei: Eine erbrachte Leistung fordert eine Gegenleistung heraus etc. In diesem Prozess der Gegenseitigkeit wird Vertrauen hergestellt und der soziale Abstand verändert: Die Beziehung wird enger. In jemand anderen gesetztes Vertrauen hat sich bewährt, eine Beziehung erweist sich dadurch als belastbar. Obige Tabelle erscheint also für eine Querschnittsbetrachtung als korrekt, nicht aber, wenn man eine Verlaufsuntersuchung machen würde. Hier findet sich eine Dynamik, die auch von gegenseitigen Reziprozitätsbeziehungen abhängig ist. In der gemeinsamen Geschichte bauen sich Beziehungen auch über gegenseitigen Austausch auf.

Allerdings handelt es sich bei den in der Tabelle dargestellten Beziehungstypen um eine formale Darstellung. Diese Beziehungsformen können auf unterschiedliche Weise ausgefüllt werden und unterliegen in starkem Maße Kontextbedingungen. Nicht vergessen werden darf in diesem Zusammenhang, dass in allen Situationen Aushandlungen über Beziehungen stattfinden – auch die Reziprozitätsbeziehung wird ausgehandelt. Freilich erfolgen solche Aushandlungen nicht völlig frei. In ihnen wird auf Symbole, Bedeutungen, Formen – kurz, das kulturelle Toolkit zurückgegriffen (Swidler 1986, 2001). Die Inhalte, die Art und Weise, wie die Leistungen gegenseitig erbracht werden, hängt nicht nur vom kulturellen Background ab, auch davon, ob es die Ressourcen für Leistungen an andere ermöglichen, sich diesen zuzuwenden. Oft findet man bei demselben Beziehungstyp, etwa zwischen mehreren Geschwistern, gleichzeitig engere oder entferntere Bindungen. Zwar steht mit dem Beziehungstyp ein Repertoire an Verhaltensmöglichkeiten zur Verfügung, nicht zuletzt achten die anderen Beziehungspartner auf die Einhaltung einer gewissen Mindesterfüllung von Gegenseitigkeit, aber wie im Einzelnen das Verhältnis ausgefüllt wird, ergibt sich doch aus den Besonderheiten eben dieses Umgangs.

Eine zusätzliche Besonderheit von Reziprozitätsprozessen ist der Austausch zwischen Kollektiven, bzw. zwischen Kollektiven und Einzelnen. Die Tabelle 4 „Abhängigkeit zwischen Reziprozitäts- und Beziehungsform" zeigt immer noch Zusammenhänge zwischen Einzelnen auf. In diesem Buch konnte jedoch gezeigt werden, dass eine Beschränkung der Betrachtung auf die Beziehungen zwischen Einzelnen einige für die Analyse der Gegenseitigkeit wichtige Bedeutungen und Strukturen unterschlägt: Handlungen werden unter Bezug auf eine Gruppe, einen Teil, dem man sich zugehörig fühlt, vollzogen. Gemeinsame Geschenke an eine andere Gruppe, ein Einzelner spendet einer Gruppe oder die Gruppe gibt einem Individuum. All diese Formen sind möglich.

Obgleich in der ersten Zelle der Vierfeldertafel die Beziehung zwischen zwei Individuen eingetragen ist, schwingen auch hier immer die Gruppenbeziehungen mit, in welche die Einzelnen eingebunden bleiben. Für die Individuen gelten die Beziehungsnormen, die zu den jeweiligen Positionen gehören. Außenstehende kontrollieren in weitem Maße deren Einhaltung. Und vor dem Kontakt zwischen Personen spinnen sich schon (Vor-)urteile aus, seien sie positiv oder negativ, spielt hier keine Rolle.

Allerdings weisen die Beziehungsnormen auch Spielräume und Aushandlungsmöglichkeiten auf.

Tabelle 5: Möglichkeiten individuellen und kollektiven Austausches

Wer gibt wem?	Individuum	Kollektiv
Individuum	Einzelner ⇒ Einzelnem	Einzelner ⇒ Gruppe
Kollektiv	Gruppe ⇒ Einzelner	Gruppe ⇒ Gruppe

Jeweils ergeben sich dabei Funktionen für das Individuum und das Kollektiv von denen hier nur einige genannt seien:

1. für das Individuum
   vor allem sozialintegrative Funktionen und Unterstützungsleistungen, die ein Einzelner alleine gar nicht leisten könnte.

2. für das Kollektiv
   Gegenseitigkeit, Entwicklung von eigenen Beziehungsformen, die Etablierung einer Geschichte, das Entstehen von gemeinsamen Geschichten, Abgleich des soziales Gedächtnisses.

In dieser Schrift wurde argumentiert, dass alle Formen der Reziprozität in einem Zusammenhang zu der Art der Beziehung zwischen den Beteiligten stehen. Reziprozität ohne diesen Konnex, wie sie als ein Grundprinzip vielfach beschrieben wurde, erscheint inhaltsleer, zumal in Erinnerung gerufen wurde, dass in zahlreichen Kontexten die Reziprozitätsregel, wie sie z.B. von Marcel Mauss formuliert wurde, gar nicht gilt. Daran zeigt sicht, dass Gegenseitigkeit erst in Verbindung mit einem Beziehungstyp erklärbar wird.

In letzter Zeit häufen sich die Meldungen über spieltheoretische Experimente, mit denen Reziprozitätsprozesse simuliert werden. Diese beruhen zumeist auf der individualistischen Annahme, der Mensch sei ein „homo oeconomicus", der nur auf sein eigenes Wohl bedacht sei. Erklärungen für ein Verhalten, welches sich nicht mit einfachem Kosten-Nutzenkalkül bestimmen lässt, werden in der Biologie gesucht. Von diesem Standpunkt aus wird vermutet, dass unsere Gene bestimmte Verhaltensweisen steuern.

In diesem Buch sollte dagegen gezeigt werden, dass soziologische Theorien viel besser geeignet sind, um solches Verhalten zu erklären. Neben dem Beziehungstyp, zu dem explizit ein gewisses Maß an Unterstützung gehört, kann hier insbesondere die Reziprozität der Perspektiven genannt werden. Mit dieser Theorie ist man in der Lage, auch Gaben zu erklären, die zur generalisierten Reziprozität zuzurechnen sind, und zu keinerlei individuellem oder Gruppen (auch Gen-) bezogenen Verhalten gehören, etwa die zahlreichen anonymen Spenden an Hilfsorganisationen.

Zwei Konzepte, der Typ der Beziehung und die Reziprozität der Perspektiven, reichen also aus, um verschiedene Formen reziproker Handlungen erklären zu können.

Weiterhin sei in diesem Resümee angemerkt, dass die hier angestellten Betrachtungen über Reziprozität eine der Grundlagen des Sozialen und damit der gesamten Soziologie berühren. Besonders wichtig sind aber die hier behandelten Fragestellungen für das sich im deutschsprachigen Raum erst in jüngster Zeit größere Beachtung findende Gebiet der Netzwerkforschung (Stegbauer 2010). Obgleich die Netzwerkforschung in der vorliegenden Schrift nur einen Bezugspunkt der Argumentation ausmacht, ergeben sich systematische empirische Forschungsansätze zur Reziprozität vor allem in diesem Feld. Damit wird aber auch klar, wie weit die Methoden der Netzwerkforschung in das Feld der Theorie hineinreichen. Ohne eine Integration der Analyse empirischer Phänomene mit grundlagentheoretischen Überlegungen erscheint eine moderne Soziologie dieser Art sinnlos. Insbesondere zwei Punkte lassen sich in diesem Kontext hervorheben: Zum einen können Reziprozitätsbeziehungen als sog. „type of tie" angesehen werden. Also ein Beziehungstyp, der sich operationalisieren und damit auch messen lässt. Die Frage, was unterschiedliche Beziehungstypen in der Netzwerkforschung bedeuten, ist immer noch nicht ausreichend geklärt. Als zweiten Punkt möchte ich hervorheben, dass Reziprozität eine Rolle spielt hinsichtlich von Überlegungen der Modellierung von Netzwerkentwicklungen. Wenn eine für andere erbrachte Leistung dazu führt, dass eine spannungsgeladene Erwartung entsteht, wie dies vorne beschrieben wurde, dann lässt sich dies auch empirisch untersuchen. Zudem festigen wiederholte Gaben und Gegengaben Beziehungen – dies könnte als Indikator dafür zu handhaben sein, wie belastbar Beziehungen sind.

Klein ist freilich der Beitrag nicht, den die Überlegungen zur Reziprozität zur Netzwerkforschung beizutragen haben, nimmt man das ernst, was Adloff und Papilloud (2007) in einer Auseinandersetzung mit Alain Caillés „Anthropologie der Gabe" dazu sagen: Sie wird als eine eigenständige Sichtweise propagiert, die einen dritten Weg zwischen „holistisch-normativistischen" und „individualistisch-utilitaristischen" Sozialtheorien sucht. Gesellschaft bestehe danach aus der

> „(Re-)Produktion von Gabenbeziehungen, die sowohl auf der Ebene von Mikrointeraktionen als auch auf der gesellschaftlichen Meso- und Makroebene wirksam sind." (Adloff und Papilloud 2007: 21).

Man sieht also, der hier eingeschlagene Weg, sich mit Gegenseitigkeit zu beschäftigen, ist in jedem Fall weiterführend und für die Zukunft vielversprechend.

Literatur

Acham, Karl, 1990, Teil und Ganzes, Differenzierung und Homogenität. Überlegungen zu Gegenstand und Methode der Soziologie und der historischen Sozialwissenschaften. S. 72-107, in: Karl Acham und Winfried Schulze (Hrsg.), Teil und Ganzes. Frankfurt: DTV

Adloff, Frank; Mau, Steffen, 2005, Vom Geben und Nehmen. Zur Soziologie der Reziprozität. Frankfurt/Main: Campus.

Allerbeck, Klaus R.; Hoag, Wendy, 1985, Jugend ohne Zukunft? Einstellungen, Umwelt, Lebensperspektiven. München: Piper.

Arbeitskreis Entwicklungspolitik e.V. (AKE), 1982, Regnet es in Anatolien? Ergebnisse, Gespräche und Informationen aus der Türkei. Berlin: Express.

Axelrod, Robert, 1987, Die Evolution der Kooperation. München: Oldenbourg (orig. The Evolution of Cooperation. New York: Basic Books.)

Barnes, John A., 1969, Networks and political process. In: J. C. Mitchell (Ed.), Social Networks in Urban Settings. Manchester: Manchester University Press.

Barnes, John A., 1972, Social Networks. Module of Anthropology. Module 26. Reading, Mass.: Addison-Wesley.

Bass, D. J., 1995, A social network perspective on human resources management. Research in Personnel and Human Resources Management 13: 39-79.

Becker, H. S., 1956, Man in Reciprocity. Introductory Lectures on Culture, Society and Personality. Praeger, New York, 1956

Begley, Louis, 2001, Schmidts Bewährung. Frankfurt/Main: Suhrkamp. (orig. Schmidt Delivered. 2000, New York: Alfred A. Knopf.).

Berger, Peter L.; Luckmann, Thomas, 1977, Die Gesellschaftliche Konstruktion der Wirklichkeit. Eine Theorie der Wissenssoziologie. Frankfurt: Fischer (erstmals auf deutsch 1969, orig.: The Social Construction of Reality, Garden City, New York: Doubleday).

Blau, Peter, 1955, The Dynamics of Bureaucracy. Chicago: University of Chicago.

Blau, Peter M, 1964, Exchange and Power in Social Life. New York: Wiley.

Blau, Peter M., 1974, Exkurs über die Liebe. S.110-124, in: Walter L. Bühl (Hrsg.), Reduktionistische Soziologie. Soziologie als Naturwissenschaft? München: Nymphenburger Verlagshandlung.

Blau, Peter M., 1976, Konsultationen unter Kollegen. S. 102-121, in: Wolfgang Conrad und Wolfgang Streeck, (Hrsg.), 1976, Elementare Soziologie. Opladen: Westdeutscher Verlag.

Boorman, Scott A.; White, Harrison C., 1976, Social Structure form Multiple Networks. II. Role Structures. American Journal of Sociology 81: 1384-1446.

Breithaupt, Fritz, 2009, Kulturen der Empathie. Frankfurt am Main: Suhrkamp

Calhoun, Craig, 1992, Indirect Relationships and Imagined Communities: Large-Scale Social Integration and the Transformations of Everyday Life. S. 95-121, in: Pierre Bourdieu and James S. Coleman (Hrsg.), Social Theory for a Changing Society. Boulder: Westview Press.

Coleman, James S., 1991, Grundlagen der Sozialtheorie. Band 1, Handlungen und Handlungssysteme. München: Oldenbourg. (original: Foundations of Social theory. Cambridge/Mass.: Harvard University Press.

Coleman, James S.; Kreutz, Henrik, 1997, Begründet oder zerstört das Eigeninteresse jenes wechselseitige Vertrauen, das Gesellschaft überhaupt erst ermöglicht? S.13-22, in: Kreutz, Henrik (Hrsg.), Leben und Leben lassen. Die Fundierung der Marktwirtschaft durch symbolischen Tausch und Reziprozität. Opladen: Leske + Budrich.

Connolly, Terry; Thorn, Brian K., 1990, Discretionary Databases: Theory, Data, and Implications. S. 219-233, in: Janet Fulk and Charles Steinfield (Hrsg.), Organizations and Communication Technology. Newbury Park u.a.: Sage.

Conrad, Wolfgang; Streeck, Wolfgang (Hrsg.), 1976, Elementare Soziologie. Opladen: Westdeutscher Verlag.

Davis, James A., 1977, Clustering and Structural Balance in Graphs. S. 27-34, in: Samuel Leinhardt (Hrsg.), Social Networks. A Developing Paradigm. New York u.a.: Academic Press.

Davis, James A.; Leinhardt, Samuel, 1972, The Structure of Positive Interpersonal Relations in Small Groups. In: Joseph Berger et al. (Hrsg.), Sociological Theories in Progress, Bd. II. Boston.

Davis, Natalie Zemon, 2002, Die schenkende Gesellschaft. Zur Kultur der französischen Renaissance. München: C.H. Beck.

Dean, Seamus, 1997, Im Dunkeln lesen. Carl Hanser: München & Wien. (orig.: Reading in the Dark).

De Folter, Rolf J., 1983, Reziprozität der Perspektive und Normalität bei Husserl und Schütz. S. 157-181, in: Richard Grathoff und Bernhard Waldenfels (Hrsg.), Sozialität und Intersubjektivität. München: Wilhelm Fink.

Dilthey, Wilhelm, 1883, Einleitung in die Geisteswissenschaften. Versuch einer Grundlegung für das Studium der Gesellschaft und der Geschichte. Leipzig, zitiert nach: Göttingen: Vandenhoeck & Ruprecht, 9. unveränd. Aufl. 1990.

DiMaggio, Paul (1992): Nadel's Paradox Revisited: Ralational and Cultural Aspects of Organizational Structure. S. 118–142, in: Eccles, Robert G.; Nohria, N. (Hg.): Networks and Organizations. Boston: Harvard Graduate School of Business Administration Press.

Durkheim, Emile, 1992, Über soziale Arbeitsteilung. Studie über die Organisation höherer Gesellschaften. Frankfurt: Suhrkamp (orig.: De la division du travail social, Paris, 1893).

Ekeh, Peter P., 1974, Social Exchange Theory. The Two Traditions. London: Heinemann.

Enquete-Kommission „Demographischer Wandel", Deutscher Bundestag (Hg.): Herausforderungen unserer älter werdenden Gesellschaft an den einzelnen und die Politik. Studienprogramm. Heidelberg, v. Decker.

Elwert, Georg, 1991, Gabe, Reziprozität und Warentausch. Überlegungen zu einigen Ausdrücken und Begriffen. S. 159-177, in: Eberhard Berg et al. (Hrsg.), Ethnologie im Widerstreit. Kontroversen über Macht, Geschäft, Geschlecht in fremden Kulturen. Festschrift für Lorenz G. Löffler. München (Trickster).

Emirbayer, Mustafa; Goodwin, Jeff, 1994, Network Analysis, Culture and the Problem of Agency. American Journal of Sociology 99: 1411-1454.

Emirbayer, Mustafa, 1997, Manifesto for a Relational Sociology. American Journal of Sociology 103: 281-317.

Fetscher, Iring, 1972, Wer hat Dornröschen wachgeküsst? Hamburg, Düsseldorf: Claassen.

Freemann, Linton C., 1992, Filling in the Blanks: A Theory of Cognitive Categories and the Structure of Social Affiliation. Social Psychology Quarterly 55: 118-127.

Gehlen, Arnold, 1964, Urmensch und Spätkultur. Frankfurt, Bonn: Athenäum, 2. Auflage.

Gehlen, Arnold, 1969, Moral und Hypermoral – Eine pluralistische Ethik. Frankfurt/Main, Bonn: Athenäum.

Giarrusso, Roseann; Stallings, Michel; Bengtson, Vern L, 1995, The „Intergenerational Stake" Hypothesis Revisited: Parent-Child Differences in Perceptions of Relationships 20 Years Later. S. 222-263, in: Vern L. Bengtson; K. Warner Schaie und Linda M. Burton (Hrsg.), Adult Intergenerational Relations – Effects of Societal Change. New York: Springer.

Goffman, Erving, 1973, Interaktion: Spaß am Spiel, Rollendistanz. München: Piper (Orig.: 1961, Encounters, Indianapolis: Bobbs-Merril).

Goffman, Erving, 1977, Der bestätigende Austausch. S.35-72, in: Manfred Auwärter; Edit Kirsch; Klaus Schröter (Hrsg.), Seminar: Kommunikation, Interaktion, Identität. Frankfurt/Main: Suhrkamp. Erstmals: 1971, Supportive interchanges. Kapitel 3, in: Relations in Public. New York: Basic Books.

Gosztonyi, Kristof, 1993, Glücksspiele und generalisierte Reziprozität: Über den Alltag junger Vietnamesen in Berlin. Berlin: FU Berlin. Institut für Ethnologie, Schwerpunkt Sozialanthropologie. Reihe: Sozialanthropologische Arbeitspapiere.

Gouldner, Alvin W., 1960, The Norm of Reciprocity: A preliminary statement. American Sociological Review 25: 161-178.

Gouldner, Alvin W., 1984, Reziprozität und Autonomie. Ausgewählte Aufsätze. Frankfurt: Suhrkamp.

Granovetter, Mark S., 1973, The Strength of Weak Ties. American Journal of Sociology 78: 1360-1380.

Granovetter, Mark S., 1985, Economic Action and Social Structure: The Problem of Embeddedness. American Journal of Sociology 91: 481-510.

Hegel, Georg Wilhelm Friedrich, 1807, Phänomenologie des Geistes. [Hegel: Die digitale Bibliothek der Philosophie], vgl. Hegel-W Bd. 3, Erstdruck: Bamberg und Würzburg (Goebhardt) 1807.

Heider, Fritz, 1958, The Psychology of Interpersonal Relations. New York: John Wiley & Sons.

Hemelrijk, Charlotte K., 1991, Reciprocity and other social relationships in captive chimpanzees. Utrecht: Diss.

Hillebrandt, Frank, 2009, Praktiken des Tauschens. Zur Soziologie symbolischer Formen der Reziprozität. Wiesbaden: VS.

Hirschbiegel, Jan, 1997, Gabentausch als soziales System? – Einige theoretische Anmerkungen. S. 44-55, in: Mitteilungen der Residenzen-Kommission der Akademie der Wissenschaften zu Göttingen. Sonderheft 2: Ordnungsformen des Hofes. Göttingen.

Holland, Paul W.; Leinhardt, Samuel, 1971, Transitivity in Structural Models of Small Groups. Comparative Group Studies 2: 107-124.

Hollstein, Bettina; Bria, Gina, 1998, Reziprozität in Eltern-Kind-Beziehungen? Theoretische Überlegungen und empirische Evidenz. Berliner Journal für Soziologie 8: 7-22.

Homans, George Caspar, 1960, Theorie der sozialen Gruppe. Köln und Opladen: Westdeutscher Verlag (orig.: 1950, The Human Group. New York: Hartcout, Brace and Company).

Homans, George Caspar, 1967, Soziales Verhalten als Austausch. S. 173-185, in: Heinz Hartmann (Hrsg.), Moderne amerikanische Soziologie. Neuere Beiträge zur soziologischen Theorie. Stuttgart: Enke.

Homans, George Caspar, 1968, Elementarformen sozialen Handelns. Köln und Opladen: Westdeutscher Verlag (orig.: Social Behavior. Its Elementary Forms. 1961, Hartcourt, Brace & World, Inc.).

Hondrich, Karl Otto, 1997, Die Dialektik von Kollektivisierung und Individualisierung – am Beispiel der Paarbeziehung. S. 298-308, in: Stefan Hradil (Hrsg.), Differenz und Integration. Die Zukunft moderner Gesellschaften. Verhandlungen des 28. Kongresses der Deutschen Gesellschaft für Soziologie in Dresden 1996. Frankfurt/New York: Campus.

Hondrich, Karl Otto, 2000. Eine moderne Bindung. Die Tageszeitung, 21.10.2000 (URL:http://www.taz.de/tpl/2000/10/21.nf/textdruck?Tname=a0066&list=TAZs p&idx=72, 17.01.2001)

Hondrich, Karl Otto, 2001a, Mehrheitsmoral und Elitenmoral. Merkur 55: 572-585.

Hondrich, Karl Otto, 2001b, Der Neue Mensch. Frankfurt/Main: Suhrkamp.

Hummell, Hans J.; Sodeur, Wolfgang, 2010. Dyaden und Triaden. S. 379-395, in: Christian Stegbauer und Roger Häußling (Hrsg.), Handbuch Netzwerkforschung. Wiesbaden: VS.

Joas, Hans, 1992, Pragmatismus und Gesellschaftstheorie. Frankfurt: Suhrkamp.

Joas, Hans, o.J., Rollen und Interaktionstheorien in der Sozialisationsforschung. (URL: http://www2.hu-berlin.de/mikrosoz/lit/Joas.html, 14.12.00).

Kant, Immanuel, 2001, Grundlegung zur Metaphysik der Sitten, S. 60. Die digitale Bibliothek der Philosophie, (vgl. Kant-W Bd. 7), CD-Rom, Berlin: Directmedia.

Kappelhoff, Peter, 1984, Strukturelle Äquivalenz in Netzwerken: Algebraische und topologische Modelle. Kölner Zeitschrift für Soziologie und Sozialpsychologie. 36: 464-493.

Kappelhoff, Peter, 1987, Evaluation von Verfahren zur Blockmodellanalyse: Methoden und erste Ergebnisse. Christian-Albrechts-Universität Soziologische Arbeitsberichte 13. Kiel: Institut für Soziologie.

Kappelhoff, Peter, 1992, Strukturmodelle von Position und Rolle. S. 243-268, in: Hans-Jürgen Andreß et al. (Hrsg.), Theorie, Daten, Methoden – Neue Modelle und Verfahrensweisen in den Sozialwissenschaften. München: Oldenbourg.

Kappelhoff, Peter, 1995, Interpenetration von Rationalität und Moralität: Die verborgene Systemtheorie in der individualistischen Soziologie. Ethik und Sozialwissenschaften 6: 57-67.

Kaufmann, Jean Claude, 1994, Schmutzige Wäsche. Zur ehelichen Konstruktion von Alltag. Konstanz: UVK.

Kohli, Martin, Harald Künemund, Andreas Motel & Marc Szydlik: Familiale Generationenbeziehungen im Wohlfahrtsstaat: Die Bedeutung privater intergenereller Hilfeleistungen und Transfers. In: WSI-Mitteilungen 52: 20-25.

Korte, Hermann, 1995, Einführung in die Geschichte der Soziologie. Opladen: Leske + Budrich (3. Auflage).

Kreutz, Henrik (Hrsg.), 1997, Leben und Leben lassen. Die Fundierung der Marktwirtschaft durch symbolischen Tausch und Reziprozität. Opladen: Leske + Budrich.

Kreutz, Henrik, 1997, Wertrationalität als notwendige Grundlage zweckrationaler Tauschsysteme. Eine literaturgeschichtliche Einleitung. S. 5-8, in: Kreutz, Henrik (Hrsg.), Leben und Leben lassen. Die Fundierung der Marktwirtschaft durch symbolischen Tausch und Reziprozität. Opladen: Leske + Budrich.

Kreutz, Henrik; Kreutz, Christine, 1997, „Hans im Glück": Die Generierung von Systemen sozialer Ungleichheit durch ungleichen Tausch. Die Entwicklung der zweckrationalen Gesellschaft in Mitteleuropa. S. 109-132, in: Kreutz, Henrik (Hrsg.), Leben und Leben lassen. Die Fundierung der Marktwirtschaft durch symbolischen Tausch und Reziprozität. Opladen: Leske + Budrich.

Kunz, Volker, 1997, Theorie rationalen Handelns. Konzepte und Anwendungsprobleme. Opladen: Leske + Budrich.

Leisering, Lutz; Motel, Andreas, 1997, Voraussetzungen eines neuen Generationenvertrags. In Blätter für deutsche und internationale Politik (10), 42: 213-224.

Lenzen, Manuela, 2001, Koalitionsprobleme unter Primaten. Moral spart Zeit: Philip Kitcher sucht den Ursprung des Altruismus. Frankfurter Allgemeine Zeitung, 22.08.2001: N 5.

Lévi-Strauss, Claude, 1967, Strukturale Anthropologie. Frankfurt: Suhrkamp (Original: Anthropologie structurale. Paris: Plon, 1958).

Lévi-Strauss, Claude, 1983, Die elementaren Strukturen der Verwandtschaft. Frankfurt/Main: Suhrkamp.

Levine, Donald N.; Carter, Ellwood B.; Gorman, Eleanor Miller, 1976, Simmels's Influence on American Sociology I. American Journal of Sociology 81: 813-843.

Levine, Donald N., 1988, Das Problem der Vieldeutigkeit in der Begründung der Soziologie bei Emile Durkheim, Max Weber und Georg Simmel. S. 181-195, in: Otthein Rammstedt (Hrsg.), Simmel und die frühen Soziologen. Nähe und Distanz zu Durkheim, Tönnies und Max Weber. Frankfurt/Main: Suhrkamp.

Linton, Ralph, 1957, The Study of Man. New York: D. Appleton-Century.

Linton, Ralph, 1967, Rolle und Status. S. 251-254, in: Heinz Hartmann (Hrsg.), Moderne amerikanische Soziologie. Neuere Beiträge zur soziologischen Theorie. Stuttgart: Enke.

Litt, Theodor, 1919, Individuum und Gemeinschaft. Grundlegung der Kulturphilosophie. Berlin: Teubner.

Litt, Theodor, 1926, Individuum und Gemeinschaft. Grundlegung der Kulturphilosophie. Berlin: Teubner (2. stark erweitete und geänderte Auflage).

Malinowski, Bronsilaw, 1949, Sitte und Verbrechen bei den Naturvölkern. Wien: Humboldt Verlag. (Orig. Crime and Costum in Savage Society, London Kegan Paul, Trench, Trubner & Co., übersetzt nach der 3. Aufl. 1940.)

Malinowski, Bronsilaw, 1972, Recht und Ordnung bei den Primitiven, S. 177-186, in: R. König und A. Schmalfuß (Hrsg.), Kulturanthropologie. Düsseldorf und Wien (zuerst 1926).

Malinowski, Bronislaw, 1984, Argonauten des westlichen Pazifik. Ein Bericht über Unternehmungen und Abenteuer der Eingeborenen in den Inselwelten von Melanisisch-Neuguinea. Frankfurt: Syndikat (orig.: 1922, Argonauts of the Western Pacific. An Account of Native Enterprise and Adventure in the Archipelagos of Melanesian New Guinea, New York: Reynolds).

Marx, Karl; Engels, Friedrich, 1973, Manifest der Kommunistischen Partei. Berlin (Ost).

Mauss, Marcel, 1990, Die Gabe. Form und Funktion des Austauschs in archaischen Gesellschaften. Frankfurt/Main: Suhrkamp. (zuerst: Essai sur le don. Paris 1950.)

McCall, George J.; Simmons, Jerry L., 1974, Identität und Interaktion. Untersuchungen über zwischenmenschliche Beziehungen im Alltagsleben. Düsseldorf: Schwann (orig. 1966).

Mead, George H., 1973, Geist, Identität und Gesellschaft. Frankfurt: Suhrkamp (erstmals: 1934, Mind, Self and Society. From the Standpoint of a Social Behaviorist).

Menger, Carl, 1871, Grundsätze der Volkswirtschaftslehre. Gesammelte Werke 1, Tübingen: Mohr.

Milinski, Manfred, 2001, Evolution des Verhaltens. Freigebigkeit lohnt sich. Spektrum der Wissenschaft Februar 2001: 24-26.

Molnár, Ferenc, 1997, Vorweihnachtsfest, Budapest. S. 9-12, in: Kreutz, Henrik (Hrsg.), Leben und Leben lassen. Die Fundierung der Marktwirtschaft durch symbolischen Tausch und Reziprozität. Opladen: Leske + Budrich.

Motel, Andreas; Spieß, Katharina, 1995, Finanzielle Unterstützungsleistungen alter Menschen an ihre Kinder. Ergebnisse der Berliner Altersstudie (BASE). Forum – Demographie und Politik 7: 133-154.

Müller, Walter, 1986, Soziale Mobilität: Die Bundesrepublik im internationalen Vergleich. S. 339-354, in: Max Kaase (Hrsg.), Politische Wissenschaft und politische Ordnung – Analysen zu Theorie und Empirie demokratischer Regierungsweise. Festschrift zum 65. Geburtstag von Rudolf Wildenmann. Opladen: Westdeutscher Verlag.

Nadel, S. F., 1957 The Theory of Social Structure. New York: Free Press.

Nassehi, Armin, 1999, Die Paradoxie der Sichtbarkeit. Für eine epistemologische Verunsicherung der (Kultur-)Soziologie. Soziale Welt 50: 349-362.

Neckel, Sighard, 1995, Der unmoralische Tausch. Eine Soziologie der Käuflichkeit. Kursbuch 120: 9-16.

Nowak, Martin A.; Sigmund, Karl, 1998, Evolution of indirect reciprocity by image scoring. Nature 393: 573-577.

Oevermann, Ulrich, 1999, Strukturale Soziologie und Rekonstruktionsmethodologie. S. 72-84, in: Wolfgang Glatzer (Hrsg.), Ansichten der Gesellschaft. Frankfurter Beiträge aus Soziologie und Politikwissenschaft. Opladen: Leske + Budrich.

Opp, Karl-Dieter, 1979, Individualistische Sozialwissenschaft. Arbeitsweise und Probleme individualistisch und kollektivistisch orientierter Sozialwissenschaften. Stuttgart: Enke.

Padgett John F; Ansell, Christopher K, 1993. "Robust Action and the Rise of the Medici, 1400–1434." American Journal of Sociology 98:1259–1319.

Parsons, Talcott, 1951, The social system. New York: Free Press.

Proust, Marcel, 1979, Sodom und Gomorrha. Frankfurt: Suhrkamp (orig. A la recherche du temps perdu: Sodome et Gomorrhe. Paris: Gallimard) in der Übersetzung von Eva Reichel-Mertens)

Rizzolatti, Giacomo; Sinigaglia, Corrado, 2008, Empathie und Spiegelneurone. Die biologische Basis des Mitgefühls. Frankfurt am Main: Suhrkamp.

Röpke, J., 1970, Primitive Wirtschaft, Kulturwandel und die Diffusion von Neuerungen, Tübingen: Mohr-Siebeck.

Rytchëu, Juri, 1993, Sturm im Polarnebel. Zürich: Unionsverlag.

Sahlins, Marshall, 1972, Stone-Age Economics. Chicago: Aldine Press.

Sahlins, Marshall, 1999, Zur Soziologie des primitiven Tauschs. Berliner Journal für Soziologie 9: 149-178.

Scheler, Max, 1966, Der Formalismus in der Ethik und die materiale Wertethik. Neuer Versuch der Grundlegung eines ethischen Personalismus. Bern: Francke (5. durchges. Aufl., zuerst 1916).

Scheler, Max, 1973, Wesen und Formen der Sympathie. Die Deutsche Philosophie der Gegenwart. Bern: Francke (6. durchges. Aufl., zuerst 1912).

Schelling, Thomas C., 1978, Micro Motives and Macro Behavior. New York: Norton & Company.

Scheuch, Erwin K.; Scheuch, Ute, 1992, Cliquen, Klüngel und Karrieren. Über den Verfall der politischen Parteien. Eine Studie. Reinbek: Rowohlt.

Schmied, Gerhard, 1996, Schenken. Über eine Form sozialen Handelns. Opladen: Leske + Budrich.

Schütz, Alfred, 1971, Gesammelte Aufsätze I. Das Problem der sozialen Wirklichkeit. Den Haag: Martinus Nijhoff.

Schulz, Reiner, 1996, Der Familienstand als Determinante der Struktur des familialen Hilfs- und Unterstützungsnetzwerks. Zeitschrift für Bevölkerungswissenschaft 21: 3-27.

Sedaris, David, 1999, Nackt. Frankfurt/Main/Wien: Büchergilde Gutenberg (Lizenz des Haffmans Verlag: Zürich).

Sigmund, Karl; Fehr, Ernst; Nowak, Martin A., 2002, Teilen und Helfen – Ursprünge sozialen Verhaltens. Spektrum der Wissenschaft. März: 52-59.

Simmel, Georg, 1890, Über sociale Differenzierung. S. 109-295, in: Georg Simmel, Gesamtausgabe Bd. 2, Frankfurt/Main: Suhrkamp 1989.

Simmel, Georg, 1917a, Grundfragen der Soziologie. Berlin/New York: De Gruyter.

Simmel, Georg, 1917b, Deutschlands innere Wandlung. Der Krieg und die geistigen Entscheidungen. Reden und Aufsätze. München, Leipzig: Duncker & Humblot.

Simmel, Georg, 1908, Soziologie. Untersuchungen über die Formen der Vergesellschaftung. Georg Simmel Gesamtausgabe Bd. 11. Frankfurt: Suhrkamp 1992.

Simon, Herbert A., 1993, Homo Rationalis. Die Vernunft im menschlichen Leben. Frankfurt/Main: Campus.

Stagl, Justin, 1996, Zur Soziologie der Gastfreundschaft anhand einer bürgerlichen Einladung. Sociologia Internationalis 34: 129-150.

Stegbauer, Christian, 2001, Grenzen virtueller Gemeinschaft. Strukturen internetbasierter Kommunikationsformen. Wiesbaden: Westdeutscher Verlag.

Stegbauer, Christian, 2010, Reziprozität. S. 113–122, in: Stegbauer, Christian; Häußling, Roger (Hg.): Handbuch Netzwerkforschung. Wiesbaden: VS.

Streeck, Bernhard, 1995, Geben und Nehmen. Oder die Korruption in den Tiefen der Menschheit. Kursbuch 120: 1-8

Swidler, Ann, 1986, Culture in Action: Symbols and Strategies. In: American Sociological Review 51: 273–286.

Swidler, Ann, 2001, Talk of love. How culture matters. Chicago [u.a.]: Univ. of Chicago Press.

Szydlik, Mark, 2000, Lebenslange Solidarität? Generationenbeziehungen zwischen erwachsenen Kindern und Eltern. Opladen: Leske + Budrich.

Tawil, Raymonda, 1980, Mein Gefängnis hat viele Mauern. Eine Palästinenserin berichtet. Bonn: Neue Gesellschaft.

Tenbruck, Friedrich H., 1958, Georg Simmel. Kölner Zeitschrift für Soziologie und Sozialpsychologie 10: 587-614.

Thurnwald, Richard, 1957, Gegenseitigkeit im Aufbau und Funktionieren der Gesellungen und deren Institutionen. S. 82-103, in: ders., Grundfragen menschlicher Gesellung – ausgewählte Schriften. Berlin: 82-103 (zuerst 1936/37).

Thurnwald, Richard, 1966, Beiträge zur Analyse des Kulturmechanismus. S. 357-391, in: W. E. Mühlmann und E. W. Müller (Hg.), Kulturanthropologie. Köln-Berlin, zuerst 1936/37.

Tönnies, Ferdinand, 1887, Gemeinschaft und Gesellschaft. Darmstadt: Wissenschaftliche Buchgesellschaft. (zit. nach 1991, unveränderter Fortdruck der 8. Auf. von 1935).

Traxler, Hans, 1963, Die Wahrheit über Hänsel und Gretel. Die Dokumentation des Märchens der Brüder Grimm. Frankfurt/Main: Bärmeier und Nikel.

Überschär, Gerd R.; Vogel, Winfried, 1999, Dienen und Verdienen. Frankfurt/Main: S. Fischer.

Vanberg, Viktor, 1975, Die zwei Soziologien. Individualismus und Kollektivismus in der Sozialtheorie. Tübingen: Mohr (Paul Siebeck).

Vaskovics, Laszlo A., 1993, Elterliche Solidarleistungen für junge Erwachsene. S. 185-202, in: Kurt Lüscher und Franz Schultheis (Hrsg.), Generationenbeziehungen in „postmodernen" Gesellschaften. Analysen zum Verhältnis von Individuum, Staat und Gesellschaft. Konstanzer Beiträge zur Sozialwissenschaftlichen Forschung, Bd. 7, Konstanz.

Weber, Max, 1980, Wirtschaft und Gesellschaft. Grundriss der verstehenden Soziologie. Tübingen: Mohr (5. Auflage, zuerst 1922).

Weber, Thomas P., 2003. Soziobiologie. Frankfurt/Main: Fischer.

Weber-Kellermann, Ingeborg, 1968, Über den Brauch des Schenkens. S. 1-8, in: Fritz Harkort u.a. (Hrsg.) Volksüberlieferung. Göttingen: Schwartz (Festschrift für K. Ranke).

Weber-Kellermann, Ingeborg, 1978, Das Weihnachtsfest. Luzern – Frankfurt/Main: Bucher.

Wedekind, Claus; Milinski, Manfred, 2000, Cooperation Through Image Scoring in Humans. Science 288: 850-852.

White, Harrison C., 1963, An Anatomy of Kinship. Mathematical Models for Structures of Cumulated Roles. Englewood Cliffs: Prentice-Hall.

White, Harrison C.; Breiger, Ronald L., 1975, Pattern Across Networks. Society 12: 68-73.

White, Harrison C.; Boorman, Scott A.; Breiger, Ronald L., 1976, Social Structure from Multiple Networks I. Blockmodels of Roles and Positions. American Journal of Sociology 81: 730-780.

White, Harrison C., 1992, Identity and Control. A Structural Theory of Social Action. Princeton (New Jersey): Princeton University Press.

White, Harrison C., 2008, Identity and Control. How Social Formation Emerge. Princeton (New Jersey): Princeton University Press.

Whyte, W. F., 1943, Street Corner Society. Chicago: University of Chicago Press.

Wiese, Leopold von, 1933, System der Allgemeinen Soziologie als Lehre von den sozialen Gebilden der Menschen (Beziehungslehre). Berlin: Duncker & Humblot (2., neu bearbeitete Auflage, Original von 1924).

Wiese, Leopold von, 1948a, Rezension zu Ralph Linton: The Cultural Background of Personality. London 1947: Kegan Paul. Kölner Zeitschrift für Soziologie und Sozialpsychologie 1: 78-82.

Wiese, Leopold von, 1948b, Soziometrik. Kölner Zeitschrift für Soziologie und Sozialpsychologie 1: 23-40.

Wiese, Leopold von, 1950, Gesellschaftliche Stände und Klassen. München: Leo Lehnen.

Wiese, Leopold von, 1957, Erinnerungen. Köln und Opladen: Westdeutscher Verlag.

Wiese, Leopold von, 1967, Soziologie. Geschichte und Hauptprobleme. Berlin: Walter de Gruyter. (8. Auflage).

Wiese, Leopold von, 1967, Das Ich und das Kollektiv. Berlin: Duncker & Humblot.

Wiese, Leopold von, 1968, System der Allgemeinen Soziologie als Lehre von den sozialen Gebilden der Menschen (Beziehungslehre). Berlin: Duncker & Humblot (4., überarbeitete Auflage, Original von 1924).

Wiese, Leopold von, 1971, Geschichte der Soziologie. Berlin: Walter de Gruyter, vormals Göschen (Original von 1926).

Zweiter Zwischenbericht der Enquete-Kommission, 1998, „Demographischer Wandel" (Hg. Deutscher Bundestag, Referat Öffentlichkeitsarbeit). Bonn: Dt. Bundestag, Referat Öffentlichkeitsarbeit (Zur Sache; 98, 8).

10 Index

Abhängigkeit 23, 60, 65, 98, 131-133
Abstand............. 22f, 40, 41, 87, 117f, 132
Acham, Karl 35, 137
Adloff, Frank 137
Allerbeck, Klaus 7, 75, 137
Alterssicherung........................... 68
Altruismus 36, 81, 83, 142
Angemessenheit........................... 49
Ansell, Christopher K.....................85, 144
Anthropologie...........................38, 142
Anweisungsstruktur 96
Äquivalent 7, 19, 30, 34, 44, 51, 59, 65
Äquivalenzempfinden........................... 50
Äquivalenzüberlegung 48
Arbeitskreis Entwicklungspolitik 131, 137
Arbeitsteilung........................ 18, 98, 139
Armut...................................31, 77
Arzt..............................29, 96f, 99
Asymmetrie 22, 51, 55, 74, 81, 83, 120
Aufmerksamkeit 59, 61, 64, 76, 109
Auftragsvergabe 58
Ausbeutung............................... 49
Ausbeutungsverhältnis 17
Ausgleich 12, 13, 16, 29, 40, 46, 48, 57, 62, 68, 81, 83, 120, 125
Aushandlungen 16
Ausnutzungsverhältnis 45
Austauschbeziehung 17, 19, 21, 25, 37, 39, 42, 44f, 51, 57f, 67
Austauschformen 15, 25, 34, 63
Austauschgerechtigkeit 45
Austauschgüter 15
Austauschmedien 25
Austauschmodi 24
Austauschnotwendigkeit 14
Austauschprozesse 15, 27, 47, 49, 53, 129
Austauschtheoretiker 110
Austauschtheorie 53, 67

Autonomie 59, 74, 140
Autorität 96
Axelrod, Robert........................ 35-37, 137
Balance, strukturelle 18, 86f, 90, 123, 125, 138
Barnes, John 22, 137
Barzahlung...............................20
Bass, D. J...............................137
Bedürftigkeit........................ 80, 81
Befragung........................ 21, 73
Begrüßungsritual 40
Bekannte............. 13, 16, 69, 74, 86
Besuche 56, 127
Betrugsversuch...........................34
Bewirtung...............................113
Beziehungsabbruch...........17, 90, 97
Beziehungsanbahnung 12
Beziehungsform 18, 58, 71, 114, 119, 120, 131-134
Beziehungsgrenzen 92
Beziehungslehre 115f, 123, 147
Beziehungsmaß...........................49
Beziehungsmessung...........................89
Beziehungspflege 16, 63
Beziehungssoziologie 22, 107
Beziehungsstiftung...........................65
Beziehungsstruktur 37, 39, 114
Beziehungssymmetrie 23, 125
Bindekräfte...............................77
Blau, Peter 52-54, 137, 138
Blockmodell-Analyse 22, 128
Blutsverwandtschaft 85
Boorman, Scott A. 96f, 138, 147
Bott, Elizabeth 22
Breiger, Ronald L........................ 22, 147
Breithaupt, Fritz 24, 138
Bria, Gina 68, 70f, 140
Calhoun, Craig.......................42, 138

149

Carepakete 79
Coleman, James S. 37f, 40, 117, 138
Dankbarkeit 61, 76
Dankesschulden 62
Davis, James A. 87, 125, 138
Dean, Seamus 89
Defektion 35
DeFolter, Rolf J. 100, 102, 104
Dilemma 36, 61, 123
DiMaggio, Paul 98, 101, 139
Distanz 30, 66, 84, 102f, 117, 142
Dotationen 60
Durckheim, Emile 84, 139, 142
Dyade 33
Edgeworth, Francis Y. 37
Egoisten 13, 35, 106
Ehe 18, 111
Ehefrau 90
Eigennutz 81, 83, 106
Einbettung ... 15f, 20, 25f, 30f, 48, 52, 115
Einfühlen 105
Eingeborene 42, 44
Einladung 12, 16, 20, 59, 120, 145
Einwanderer 53, 76, 85
Einzelner 39, 51, 60, 109, 114, 133f
Ekeh, Peter 67, 139
Elite 81, 84
Eltern . 26, 47, 55f, 65, 67-75, 79, 95, 103, 112, 146
Eltern-Kind Relation 75
Elternposition 74
Elwert, Georg 130, 139
Emirbayer, Mustafa 21f, 85, 139
Engels, Friedrich 58, 143
Enkel 65, 71
Eröffnungsgabe 46, 51
Erwartung 16, 53, 65, 104
Erwartungserwartungen 16, 25, 55
Erwiderung.7, 12, 15f, 23f, 51, 53, 55, 57, 65, 120f
Ethnologie 19, 139f
Exklusion 78
Familie. 26, 29, 43, 56, 58, 69, 74, 77, 112, 132

Fetscher, Iring 50, 139
Filz 62
Formalsoziologie 105
Formen 13, 15f, 21, 23, 25f, 29, 31, 47f, 51, 55-57, 62, 70-77, 79, 82, 84, 93, 99, 108f, 114-116, 119, 129f, 133-135, 144f
Forschung, qualitative 21
Freeman, Linton C. 126
Freigebigkeit 53, 81, 143
Freundschaften 12, 20, 59, 91
Fürsorge 68, 69, 70
Gabe 15f, 19, 21, 23, 25, 30, 42, 44, 46-49, 51f, 55, 57, 59-61, 63, 65, 67f, 71, 74f, 78, 81, 120f, 135, 139, 143
Gabenzyklus 33
Gastgeschenk 16
Geburtstagsgeschenk 120
Gefangenendilemma 35f
Gegengabe 15, 19, 31, 42f, 46, 48f, 51, 55, 57, 59, 65, 83, 121
Gehlen, Arnold 24, 139
Geisteswissenschaften 109, 139
Geld . 11, 13, 18, 33, 39, 53, 57-59, 73, 76, 77, 82, 106, 126, 131f
Geliebte 90
Gemeinschaft 34, 39, 43, 76f, 80, 101, 108, 143, 145f
Generalthese 103
Generation 69-75, 115
Generationenkette 71
Generationenvertrag 72
Genpool 85
Gerechtigkeit 58, 62
Geschenk 16, 44, 49, 55f, 59f, 65f, 113
Geschenklisten 12, 54
Geschlecht 17, 91, 94, 139
Geschwister 103
Gesellschaft 14, 19f, 30, 34, 39, 47, 55f, 57, 68, 76f, 78, 94, 96, 99, 101f, 110, 129, 138f, 141-144, 146
Giarrusso, Roseann 74, 139
Gleichaltrigengruppe 29
Gleichberechtigung 74

Gleichgewicht 18, 38
Gleichheit 41, 58, 80, 120
Gleichwertigkeit..................................... 43
Gluckmann, Max 22
Glückwünsche 112f
Goodwin, Jeff 85, 139
Gosztonyi, Kristof 75, 140
Gouldner, Alvin 20, 49, 51, 80f, 140
Granovetter, Marc S. 36
Grenznutzen 53
Großeltern 65, 79, 86, 112
Gruppennorm 53, 89
Gruppenzugehörigkeit.................29, 126
Güter 20, 25, 44, 49f, 57, 76
Güteraustausch 48
Handeln, soziales 19
Handlungstheorie 40
Handlungswissen 100
Hans im Glück 50, 142
Hänsel und Gretel 50, 146
Heirat 11, 18
Hemelrijk, Charlotte K. 24, 140
Herrschaftsbeziehungen 49
Hierarchie 30, 52, 54, 110, 124
Hilfeleistung..................................44, 80
Hilfsbereitschaft 53, 80, 86
Hillebrandt, Frank 41, 140
Holland, Paul W. 87, 140
Hollstein, Bettina 68, 70f, 140
Homans, George Caspar.. 52, 65, 67, 123, 141
Hondrich, Karl Otto ...5, 7, 20, 78, 80, 97, 141
Hummell, Hans J. 87, 141
Husserl, Edmund 104, 139
Idealisierungen 103, 105
Identität 37, 113, 140, 143
Individualisierungsthese 56
Individualismus 21, 26, 34f, 67, 101, 109f, 114, 146
Individualismus, methodologischer 35
Institution 33, 44, 58
Interaktionsfrequenz 125
Interaktionspartner 96

Interessensausgleich 31
Interessenskonflikt................................62
Intergenerationen-Reziprozität 67, 68
Joas, Hans 24, 99, 141
Kant, Immanuel 106, 141
Kapazitätsgründe 37
Kappelhoff, Peter .. 31, 34, 128, 130, 141f
Katalysator 37, 41, 64
Katastrophenhilfe 84
Kaufakt...20
Kaufmann, Jean Claude 97, 142
Kinder ...12, 18, 20, 23, 47, 55f, 65, 68-75, 77, 95, 131, 143
Klatsch...44
Klüngeln..62
Kohli, Martin 72, 142
Kollegen 23, 52, 66, 86, 113, 138
Kollektiv 83, 113, 134, 147
Kollektivbegriffe 109
Kommunikationstheorie 99
Konsultationen............................. 53, 138
Kontext 15, 20, 24, 50, 65, 76, 81, 84
Kontextwissen 100
Konventionen................................ 16, 23
Kooperation......................35-27, 54, 82, 137
Kooperationshemmnis...........................37
Korruption 57-63, 145
Kosten-Nutzen-Kalkül...........................46
Kredit..20
Kreutz, Christine.................................50
Kreutz, Henrik . 38, 50, 63, 117, 138, 142f
Kula 42-44, 47, 91
Kula-Kette 20
kulturelles Toolkit 132
Kunz, Volker 109, 142
Kurban Bayran 131
Lehrer 94, 103
Leinhardt, Samuel 87, 138, 140
Leisering, Lutz..............................72, 142
Leistungen 14, 18, 21, 25, 33, 37f, 44, 46f, 52, 57, 60f, 67f, 70f, 74, 77f, 80f, 83, 91, 101, 131f
Lenzen, Manuela 83, 142
Levine, Donald N. 108, 115, 142

151

Lichtblau, Klaus 5
Liebe 57, 58, 125, 138
Linton, Ralph 22, 93f, 139, 143, 147
Litt, Theodor 26, 99, 101f, 106, 143
Mailinglisten 54
Malinowski, Bronislaw. 19, 38f, 42-47, 91, 143
Manchester-Gruppe 137
Mandeville, Bernard de 46
Märchen 50
Markt 20, 63
Marshall-Plan 79
Marx, Karl 58, 143
Mau, Steffen 137
Mauss, Marcel .. 15, 19, 21, 44-46, 51f, 55, 59, 120, 134, 143
Mead, George Herbert 99, 143
Menger, Carl 20, 143
Milinski, Manfred 82, 143, 146
Mitchell, Clyde 22, 137
Mitfühlen 79
Mitleid 58, 79, 105
Molnár, Ferenc 63, 143
Motel, Andreas 72, 142, 143
Nachbarn 11, 13, 44, 48, 89, 103
Nachfühlen 79
Nadel, Siegfried F. 22, 93-96, 144
Nadels Paradox 98, 101
Nassehi, Armin 129, 144
Naturallohnbestandteile 55
Naturvölker 39, 68, 143
Neckel, Sieghard 57, 58, 144
Netzwerkanalyse 87, 93, 127
Nichtkooperation 35-37
Norm 18, 20, 24, 59, 61, 81, 129, 140
Normen 16, 26, 46, 49, 57, 69, 85, 92, 107
Notsituation 79
Nowak, Martin A. 81, 144f
Nutzenmaximierung 105
Nützlichkeitsinteressen 107
Oevermann, Ulrich 40f, 144
Ökonomie 53
Opp, Karl-Dieter 109, 144
Organisation 76, 113, 126, 139

Padgett, John F. 85, 144
Parsons, Talcott 25, 94, 144
Partei 58f, 62, 76, 111, 126, 143, 145
Partnerschaft 17, 18, 84, 91, 95, 97
Patient 29, 99
Pflegebedürftigkeit 68
Pooling 76f
Positionen 22-24, 30, 62, 74, 96f, 119, 128, 133
Potlatch 21, 52
Prestigepunkte 82
Proust, Marcel 124, 144
Querschnittsbetrachtung 132
Radikalismus 14
Rangunterschiede 53, 120f
Rapoport, Anatol 35
Rational-Choice Theorie 34, 38, 114
Rationalität 39, 62, 130, 142
Rausch, Alexander 7
Redistribution 76, 77
Regeln .13, 16, 20, 34, 42, 44f, 47, 57, 60f, 64, 77
Reichel-Mertens, Eva 124, 144
Rentenversicherung 72
Reputationsbeziehungen 126
Reziprozität, generalisierte. 16, 29, 67, 70, 80f
Reziprozität, heteromorphe 52
Reziprozität, negative 30
Reziprozität, perspektivische .. 29f, 79, 99-106, 129, 135, 139
Reziprozität, positionale 29
Reziprozitätsprinzip 13f, 19, 53f, 65
Reziprozitätsprozess 15, 134
Reziprozitätsregel 39, 45, 48, 56f, 61
Rituale 19, 38, 41, 112
Rizzolatti, Giacomo 24, 144
Rollen 22, 24, 29, 74f, 93-97, 119, 141
Rollenanalyse 24, 93
Rollen-Identitäten 96
Rollenmuster 17, 96
Rollenreziprozität 30, 93, 99, 105
Rollensysteme 29, 93
Rückzahlungsmodalitäten 52

Rytchëu, Juri 39, 144
Sahlins, Marshall 30f, 76, 78, 144
Sanktionsdrohung 34
Schenken 46, 55f, 145
Scheuch, Erwin 62
Scheuch, Ute 62
Schmied, Gerhard 56, 145
Schuldenabbau 51
Schulz, Rainer 131, 145
Schütz, Alfred 102-105, 139, 145
Sigmund, Karl 81, 106, 144, 145
Simmel, Georg 15, 19, 22, 25, 70, 93, 108-117, 142, 145f
Simon, Herbert A. 50, 145
Sinigaglia, Corrado 24, 144
Sippe 29, 85
Sitte 38, 46f, 143
Sklavenhaltung 120
Sodeur, Wolfgang 87
Sodeur, Wolgang 141
Solidarität 78-80, 84f, 146
Sozialer Prozess 116
Sozialgefüge 31
Sozialität 14, 40f, 52, 64, 99, 113, 139
Sozialversicherungssystem 68
Sozialwissenschaften .. 115, 137, 141f, 144
Soziologie, formale 100f, 107f, 114
Soziometrie 118, 123, 147
Spenden 59-61, 80, 84f, 105, 135
Spiegelneuronen 24
Spieltheorie 34, 80
Spieß, Katharina 72, 143
Stabilität 38f, 58, 127
Stammesgeschichte 24
Standortvertauschung 105
Statusgewinne 68
Stegbauer, Christian 54, 93, 135, 145
Streck, Bernhard 145
Street Corner Society 53, 147
Struktur . 14, 26, 44, 67, 91, 114, 119, 133, 142, 145
Strukturgesetzlichkeit 41
Strukturierung 31, 89, 91
Strukturmodell 41
Subjektivität 21, 51
Swidler, Ann 98, 132, 145
Symbolverwendung 104
Symmetrie 23, 120, 123, 127
Symmetrie im Streit 23
Sympathie 125, 144
Szydlik, Mark 72f, 142, 146
Tausch . 14f, 18-21, 24, 26, 29, 34, 38, 39-42, 44, 48, 50, 52, 57f, 63f, 67, 76, 110, 138, 142-144
Tausch, katalysatorischer 63
Tauschbeziehung 20, 39, 67, 91
Tauschgüter 30
Tauschhandel 37, 57
Tauschhandlungen 25f, 30
Tauschmedien 57
Tauschmedium 18
Tauschnorm 51
Tauschobjekte 57
Tauschpartner 14, 43
Tauschregel 44
Tauschvorgang 33, 130
Tauschwert 44, 50
Tawil, Raymonda 89, 146
Tenbruck, Friedrich H. 114, 146
Thorn, Brian K. 54, 138
Thurnwald, Richard . 38f, 67f, 70f, 84, 146
Tit for Tat 35-37
Tönnies, Ferdinand 34, 39, 115, 142, 146
Totalphänomen, gesamtgesellschaftliches 107
Tradition 26, 54, 65, 67
Transaktionen 47, 76, 78
Transferzahlungen 72
Transitivität 86
Traxler, Hans 50, 146
Triaden, verbotene 90
Trobriander 19, 42, 47
Trobriand-Inseln 40
Typisierungen 99, 104f
Überschär, Gerd R. 60, 146
Ultimatum-Spiel 106
Unterstützungsleistungen . 7, 72, 134, 143

153

Vanberg, Viktor 46f, 146
Vaskovics, Laszlo A. 72, 146
Vergütung 61, 68
Verhaltensexperimente 106
Verlaufsuntersuchung 132
Verpflichtung. 20, 34, 43, 45f, 48, 60, 64f, 74, 81
Verschuldung 52
Verständigung 30, 100f
Verstehen 101
Vertrauensbildung 48
Verwandte 11, 69
Vierfeldertafel 133
Vogel, Winfried 60, 146
Vorgesetzter 52
Vorurteile 91f
Ware 21, 60, 69
Warentausch 33f
Weber, Max 19, 106, 115, 142, 146
Weber, Thomas P. 85, 146
Weber-Kellermann, Ingeborg 55, 146
Wechselwirkung 26, 101, 108f, 114f, 119

Wedekind, Claus 82, 146
Wegauskunft 31, 132
Wehrmachtsoffiziere 60
Weihnachten 55f, 63
Werbung 38, 117
Wernicke, Friedrich August Eduard 50
White, Harrison 98
White, Harrison C ... 22, 93, 96f, 113, 128, 138, 146f
Wiese, Leopold von .. 22f, 38, 87, 89, 115-119, 123f, 130, 147
Wissensgesellschaft 44
Wissenssoziologie 30, 100, 137
Wohlstandsgefälle 77
Wohltäter 52, 61
Wohltätigkeitsnorm 81
Wörsdörfer, Jutta 7
Wünsche 59, 63, 118
Zugzwang 16
Zusammengehörigkeitsgefühle 125
Zuwendung 44, 52, 55, 60f
Zweckhandeln 114
Zweierbeziehung 111

MIX
Papier aus verantwortungsvollen Quellen
Paper from responsible sources
FSC® C105338

If you have any concerns about our products,
you can contact us on
ProductSafety@springernature.com

In case Publisher is established outside the EU,
the EU authorized representative is:
**Springer Nature Customer Service Center GmbH
Europaplatz 3, 69115 Heidelberg, Germany**

Printed by Libri Plureos GmbH
in Hamburg, Germany